어느 1924년생 쥐띠의 생활목록

시작시인선 0546 어느 1924년생 쥐띠의 생활목록

1판 1쇄 펴낸날 2025년 9월 26일

지은이 정계원
펴낸이 이재무
기획위원 김춘식, 유성호, 이형권, 임지연, 차성환, 홍용희
편집 이호석, 박현승
편집디자인 김지웅, 장수경
펴낸곳 (주)천년의시작
등록번호 제301-2012-033호
등록일자 2006년 1월 10일
주소 (03132) 서울시 종로구 삼일대로32길 36 운현신화타워 502호
전화 02-723-8668
팩스 02-723-8630
블로그 blog.naver.com/poemsijak
이메일 poemsijak@hanmail.net

ⓒ정계원, 2025, printed in Seoul, Korea

ISBN 978-89-6021-824-6 04810
     978-89-6021-069-1 04810(세트)

값 11,000원

*이 책은 강원특별자치도, 강원문화재단 후원으로 발간되었습니다.
*이 책 내용의 전부 또는 일부를 재사용하려면 반드시 저작권자와 (주)천년의시작 양측의 동의를 받아야 합니다.
*잘못된 책은 바꾸어 드립니다.
*지은이와 협의하에 인지는 생략합니다.

어느 1924년생 쥐띠의 생활목록

정계원

천년의 시작

시인의 말

활자로 밥을 짓는다
흰 밥알이 시어다
그러므로
밥을 짓는 것이 아니라
시를 짓는다

시가 무척 설었다
그래도
맛있게 읽고
삶이 청아해진다면
더 바랄 게 없다

그리고
이 책을 1924년생 쥐띠
아버지께 드린다

2025년 가을
字宇堂에서

차 례

시인의 말

제1부 지금, 창밖은 희로애락의 축제

시 ─── 13
선운사의 사리꽃들 ─── 14
하슬라의 여인들 ─── 16
화석에 가을여자가 피었다 ─── 18
어느 1924년생 쥐띠의 생활목록 ─── 20
지금, 창밖은 희로애락의 축제 ─── 22
순례하는 성자 4월 ─── 24
교통안내 표지판 ─── 26
구라빵 Y 언니들 ─── 27
청화용문도자기 ─── 28
태풍에 도끼눈이 있다 ─── 30
붓다의 돌단풍 ─── 31
얼굴이 수척한 칠성산 ─── 32
하안거 왕거미 ─── 34
흰머리 구두의 외출 ─── 36

제2부 도자기에 매화꽃이 핀 까닭

커피꽃이 핀 안목 거리 ──── 39
달의 진화론 ──── 40
물닭갈비 ──── 42
판자촌의 사람꽃 ──── 44
도자기에 매화꽃이 핀 까닭 ──── 46
환상의 피아노 ──── 48
내 마음에 '호수'가 고여 있다 ──── 50
초허의 목격자들 ──── 52
부엉새와 초허 ──── 53
자루메* 웨딩마치 ──── 54
소몰이 사내목동 ──── 56
정2품 소나무 ──── 58
아반떼 피부과 ──── 60
바람든 허파들 ──── 61
글램핑의 황덕불 ──── 62

제3부 비빔밥이 생불이다

붓다의 경전을 만나다 ——— 67

김밥은 완행열차다 ——— 68

강물의 발톱을 보았다 ——— 70

비빔밥이 생불이다 ——— 72

햅쌀시루떡 ——— 74

AI 아빠를 만나러 야구장으로 간다 ——— 76

층층나무단풍 ——— 77

봄 ——— 78

히말라야삼나무의 일과 ——— 80

목탁조 ——— 82

편백나무베개 ——— 84

거미 ——— 86

담쟁이넝쿨 ——— 87

고로쇠나무의 순국 ——— 88

금강송 나무 의자 ——— 90

제4부 폭설과 기억의 이중주

용궁제 ──── 93

수락펜션의 노부부 ──── 94

애일당이 사라지다 ──── 96

가브리엘관 217호 K강사 ──── 98

멜랑콜리의 홍장 ──── 100

추암촛대바위 ──── 102

폭설과 기억의 이중주 ──── 104

묵호항 사람들 ──── 105

그 사내의 사계절 ──── 106

횡성한우 ──── 108

헝가리거위털이불 ──── 110

벌구들의 경연대회 ──── 111

탱크여자 ──── 112

들고양이들의 근황 ──── 114

소돌아들바위 ──── 116

해 설

심은섭 타자에 비추어 '내'가 '나'를 인식하는 시의식 ──── 118

제1부 지금, 창밖은 희로애락의 축제

시

하얀 침묵만 가득한 원고지 속으로 내가 들어선다

그 속에 언어의 갈증으로 거칠게 흔들리는 나를 닮은 문장이 있고, 사투리로 빚어낸 시행도 얼굴을 찡그린 채 앉아 있다 가락을 잃은 운율의 숨결도 보인다 날마다 내 입속에서 빠져나온 언어들도 둘러앉아 있다 그 불량한 언어로 한 연聯의 기둥을 세우려고 했지만 이내 크로마뇽인들이 쓰던 문장이 되어 버렸다 그러자 은유의 서까래가 무너지고, 역설의 외등이 꺼졌다 그 까닭에 어떤 여류 시인이 원고지 안에서, 혹은 원고지 밖에서 난파선으로 떠 있다

두통이 또 몰려온다 나는 푸른 시어 한 알 더 먹어야겠다

선운사의 사리꽃들

동백나무가 붉은 사리를 구워내고 있다

그들은 영하 10℃의 새벽에 일렬로 서서
직립의 예불을 올린다
서슬퍼런 싸락눈이 온몸을 감싸도
나뭇가지마다 푸른 법문을 입에 물고
반야바라밀다심경을 암송하는 수행자들,
여태껏 잠든 모습을 본 적이 없다
지구의 종말이 온다는
세간의 무수한 풍문이 떼 지어 들려 와도
하산하는 그들을 또한 본 적이 없다
정신이 폐허가 되는 백팔번뇌 속에서도
따사로운 공양을 생각해 볼 겨를은
더더욱 없었으리라
해탈을 꿈꾸며 무리 지어 살던 수행자들
겨울의 끝자락에서 입적을 한다
예를 갖춘 늙은 시간들이 법당 앞에 모여
정갈한 다비식을 치르자
붉은 사리가 무더기로 떨어져 내렸다

생과 사의 경계선이 없는 붉은 수행자들
환생이 참 붉다

하슬라의 여인들

강릉 남대천이 깊은 생각으로 오후 2시로 흘러간다

 태양이 몽룡실로 들어온다 그 태양을 받아마신 사임당이 붓끝으로 용의 눈동자를 찍자 천지의 온몸에 비늘이 일어선다 어둡던 세상이 등불처럼 밝아지고 몽룡실에 한 마리의 용이 승천한다 만국기를 흔들며 나무들이 축가를 부른다

 홍장암이 목을 길게 내밀고 앉아있다 그녀의 심장 소리가 말매미 울음소리보다 뜨겁다 가슴 안쪽으로 사내들이 날아들어도 그녀는 오로지 한 선비를 생각할 뿐, 바위처럼 미동조차 없다 경포호에 홍장의 옷자락 같은 바람만 펄럭인다

 애일당에 난설헌의 유년의 발자국이 아직도 성벽의 돌담처럼 쌓여있다 그녀는 사천 바닷물을 찍어 시를 쓰다가 지쳐 세 방울의 어린 눈물을 천문의 계단으로 오르게 했다 할미꽃처럼 고개를 숙이며 살았다 '부용삼구타'[*], 그녀가 지고 있다

하늘에서 세 여인이 하슬라를 내려다보고 있다

* 난설헌의 「곡자」 차용.

화석에 가을여자가 피었다

검은 돌에 내가 국화꽃으로 피어 있습니다

지하 어둠이 수억 년 동안 내가 먹고 자란
저녁밥입니다
암반 밑에서 물방울 소리가 들려왔지만
가끔, 세상 밖 사람들의 신발 끄는 소리도
들려왔지요 그럴수록
이 어둠을 탈출하고 싶은 욕망이 죽순처럼
자랐습니다 그러나
돌에 핀 국화꽃이 되기 위해
깊이를 알 수 없는 지하에 얼굴을 묻고
한평생 살았지요
두 눈이 실명되도록
돌에 핀 국화꽃이 되려고 했으나
신은 나의 업을 씻어주지 않았지요
어느 날,
돌 깨는 소리가 밖에서 들려오고
사람들의 검은 손이 지하의 내 몸쪽으로
뻗어 왔습니다
침묵의 어둠마저 더 채울 수 없는 이곳,

한 줄기의 낯선 빛이 내 몸에 닿았습니다

그때 비로소
영혼이 시들지 않는 돌꽃으로 피었습니다

어느 1924년생 쥐띠의 생활목록

친정집 안방 흙벽에 그의 초상화가 걸려 있다
그 사진을 보며 이런 생각을 했다

그는 저녁에 따온 별을 열세 살 된 나의
밤길에 뿌려주었고, 부서진
정신을 푸른 달빛으로 촘촘하게 꿰매 주었다
물병자리를 찾아가 받아 온 물로
메마른 나의 영혼을 적셔주었고
한낮에 뻐꾸기 울음소리를 빌려와
고독의 두려움을 알려 주었다
쉬지 않고 걷는 계곡물의 발자국을 얻어와
나의 발을 씻겨 주었다
화려한 독버섯의 험상한 독을 감지하는
감각도 일러주었고
어깨를 맞대고 살아가는 잔디를 가리키며
함께 사는 방법을 가르쳐 주었다
그는 공갈빵이 허기의 간사함이라고 했고
폭설에 설해목 지는 소리를
가시나무새 울음소리보다 짧은 문장으로, 그
아픔을 일러 주었다

국화의 정수리에 내린 흰서리를 가리키며
저것은 사형수의 마지막 숨소리라고 일러주던
북두칠성 같은 아버지,

등이 굽어진 그와 함께 신경외과에 갔다
나의 쉰 살이 그의 등을 휘어지게 했다고
청진기가 두 주먹을 불끈 쥐며 말했다

지금, 창밖은 희로애락의 축제

사월엔 천지 어느 곳이든 축제가 한창이다

상현달이 푸른 조명을 비춰주는 논에서
개구리들이 개똥이네의 풍년을 기원하는
세계합창대회를 열고 있다

강물이 흘러가는 것을 바라보았을 때
바다라는 큰 스승을 만나러 가는 까닭으로
그의 발목은 늘 젖어 있었고,

벚꽃은 흰옷을 입고 나뭇가지 무대에 올라
지난겨울에 두 눈이 실명된 호수를 위해
살풀이춤을 추고 있다

두견새가 '잃어버린 30년'의 노래를 부를 때
유채꽃들이 노란 눈물을 쏟아내는 것은
6·25 실향민과 함께 부르고 있기 때문이다

밤이 늦도록 어깨가 처진 사람들을 위해
개구리, 강물, 벚꽃, 두견새, 유채꽃들이

춤과 노래로 위문 공연을 한다

아직도
두꺼운 코트를 껴입은 나는 어디에도 없다

순례하는 성자 4월

어떤 한 여자가 4월의 언덕에 동그마니 앉아 있다

그녀가 공수표를 백화점에 미사일처럼 날리는 여자, 명품 백, 다이아몬드 귀걸이, 오팔 진주목걸이를 목에 걸고 재래시장에서 파문을 일으키는

그런 여자로 알았으나 그는,

목마른 강변에 사는 패랭이꽃에게 비를 내려주는 여자, 가시나무새 울음소리에 가슴이 저려 오는 여자, 실명한 사막여우에게 나침판을 건네주는 순례자였다

그녀가 생일에만 세수하는 여자, 싱크대의 접시를 산더미처럼 쌓아 놓고 소파에 앉아 무료한 시간을 씹는 여자, 새벽이 되어도 어둠을 비우지 않는

홍등가의 색등인 줄 알았으나 그는,

낮술에 취한 바위를 흔들어 깨워주는 여자, 눈이 퇴화된 물고기의 은빛 비늘을 빗겨주는 여자, 고독의 목관을 짜는

빈 들판에게 등을 다독거리는 순례자였다

  그녀는 고급 향수로 점잖은 느티나무의 영혼을 갈취하는 여자, 오월이 오면 담장 너머로 목을 쭈~욱 빼고 스무 살의 청바지들을 립스틱으로 유혹하는

  그런 흑장미로 알았으나 그는,

  둥지를 잃고 방황하는 제비들에게 처마를 내주는 여자, 너럭바위에 돌단풍을 피워 몸서리치는 내 몸속 천년의 고독을 몰아내 주는 순례자였다

  그녀가 낡은 사월의 마차를 타고
  야윈 몸으로 유월의 강을 건너고 있다

교통안내 표지판

주문진 장덕리 복사꽃마을 어귀에 그녀가 홀로 서 있다 꿀이 흐르는 가나안 땅으로 나를 인도해 주려고,

무덤으로 갈 때까지 서 있다 폭설이 내려도 하굣길에 서서 나를 기다린다 온종일 매의 눈으로 먼 길을 떠나는 나의 사주를 살핀다 그때, 베링해의 바람을 피해 남쪽으로 날아가는 새들에게 안부를 물으며 웃음을 건네주기도 했다

그녀는 식사를 마치고 나를 기다리는 줄로 알았으나 물 한 모금 마시지 않았다는 이야기를 내 목덜미에 주름이 질 때 석양이 귀띔해 주었다 지금은 내가 두 아이의 안내표지판으로 서 있다 아니다 어머니가 서 있는 것이다

오래된 안내표지판 어깨에 붉은 녹물이 흘러 내린다 그 모습을 바라보던 나는 포효하며 온 세상을 적시고 있다

구라빵 Y 언니들

Y 언니,
이 빵 하나 먹어 보실래요

입에서 갓 구워낸 구라빵을
온 동네 퍼 나르시느라
입술에 물집이 생겼네요

정품이라고 우겨대지만
달콤한 거짓말을 입힌
구라빵이네요

제발 그러지 마세요
불량품 구라빵을
푼수 없이 팔다가 지옥 가요

입만 열면
구라빵을 굽는
Y 언니의 혀가 보살이네요

청화용문도자기

자기는 몸속에 한 마리의 용을 모시고 있어
내가 용인가 봐

자기는 허공을 가득 채우는 달을 닮았어
그 옆에 내가 별로 떠 있어

자기는 밤마다 한 여인의 발소리를 듣고 있어
그것은 나의 울음일 거야

자기는 도공의 혼을 잊지 않고 살아가야 해
나도 그 혼을 숭배해

자기는 흰 살결만 가진 무소유주의자야
그러나 난 동전 한 닢도 버리지 못해

자기야, 불가마에서 한 번도 울지 않았지
나는 수시로 눈물을 흘렸어

자기야, 모두가 너의 목숨이 영원하다고 해
하지만, 나는 일회용 반창고일 뿐이야

자기야, 너를 두드리면 범종 소리가 들려
나는 빈 양철통 소리처럼 요란해

자기야, 언제까지 학처럼 고고하게 할 거야
너를 따라 하기가 너무 힘들어

태풍에 도끼눈이 있다

 땅거미가 내리는 시간, 어깨가 넓은 관공서로부터 행사 홍보용 현수막을 철거하라는 한 통의 전화를 받았다

 철거하러 그곳에 갔을 때, 생의 난간을 부여잡고 안간힘을 쓰며 몸부림을 치는 현수막을 보았다 저 도끼눈에는 자비란 없다 꺾이지 않으려고 땅에 허리가 닿도록 굽혔다가 다시 뒤로 젖히는 호객 풍선, 비닐봉지도 감나무 가지에 걸려 온몸으로 저항하며 떤다

 그럴수록 도끼눈은 떼를 지어 몰려와 아우성치는 그들을 죽음의 굴레로 씌우고 있다 중천을 걸어가던 낮달마저 걸음을 멈추고 납빛 표정으로 내려다 본다 골절된 한 장의 현수막이 비명과 함께 떨어져 나간다 하지만, 어떤 순찰차도 구급차도 보이지 않는다

 그들은 오직 목숨을 연명하기 위해 손톱이 다 빠지도록 몸부림치지만, 봄 같은 어떤 손길 하나 보이지 않는다

붓다의 돌단풍

바위틈에 한 여인이 다소곳이 앉아 있다
비록 쇠약한 몸이지만
그의 시련은 보릿고개를 넘는 일이다

어둠이 가득한 빈 쌀독을 채우려고
그녀는 스스로 자른 머리카락을 감싸안고
시장으로 팔러 나갔다

여린 풀들의 허기진 신음 소리 잠재우려고
새벽을 건너
밤새워 무릎 꿇고 기도하는 날도 있었다

낮술에 취한 시선으로 그를 바라보았다
한낱 단풍이었다 하지만
빈 밥상과 싸우다 열반에 든 붓다였다

얼굴이 수척한 칠성산

예서원 뒷산 그의 얼굴빛이 거무죽죽하다
얼핏 보았을 때
한낮 밀주에 취해 있는 줄 알았으나

겨울잠에 취해 있는 겨울나무들을
한 그루 한 그루 찾아다니며
잠을 깨우느라 심신이 지쳐 있었던 것이다

아니다

실개천으로 도롱뇽이가 돌아올 수 있도록
거친 물살을 막아주려고 제방을 쌓다가
한낮의 태양에 구워진 얼굴이었다

사월이다

남쪽에서 찾아온 바람들이 밤새워 짜 놓은
연둣빛 광목 한 장으로
엄동설한에 얼었던 몸을 겨우 녹이고 있다

칠성산이 깨어나고 덩달아 내가 깨어날 때
북극에서 돌아온 아버지도
유월 강으로 가는 길을 내게 내주고 있다

하안거 왕거미

주문진 장덕리 산27번지 초가집 처마 끝에
누군가가 암자 한 채 짓고 수행 중이다

액운을 쫓아내려고 사방에 던져 놓은 그물,
그곳에 하루살이 운명이 걸려 있기도 하고
낮술에 혀가 꼬인 아버지의 고뇌와
날마다 재생되는 내 허기의 기억도 걸려 있다

맨발로 청빈을 탁발하고 돌아온 청나비,
거미줄에 앉아 열반에 들고자
저녁노을의 탱화 한 장 허공에 걸어 놓고
반야심경 법문을 외고 있다 그러나

그 암자로 올라가는 계단이 보이지 않는다
흑장미들이 암자로 올라올 것을 염려하여
그가 계단을 끊어 버린가 보다
긴 머리를 한 바람들이 암자를 뒤흔들어도
미세한 인기척 하나 없다

암자에 오르지 못하는 독거미,

그 암자를 바라보며 천 배를 드리고 있다

흰머리 구두의 외출

남대천 둔치에서 강릉단오 축제 전야제의
폭죽이 터지던 날,

아버지는 장지로 떠나기 전에 노제 지내기 위해 집 마당에 도착했습니다 그때, 다섯 살 손자가 '할아버지'라고 불렀습니다 대답이 없습니다 "할아버지 방에 계시나요?" 고사리손으로 문고리를 당기며 부릅니다 "어, 문이 잠겼어요 엄마" "내가 온다는 것도 모르고 할아버지는 어디로 갔을까?" 손자는 어미 잃은 강아지처럼 울먹이며 찾았습니다 "할아버지는 어디에도 보이지 않아" 혼잣말로 꽃잎이 시든 얼굴로 중얼거렸습니다 산속에서 길잃은 새끼 산양 같은 손자는 풍선이 터지듯이 울었습니다 우두커니 바라보다 잎을 떨구는 오동나무, 마당을 서성이던 바람도 어깨를 들썩입니다

뒷굽이 닳은 구두 한 켤레,
누구도 알 수 없는 하얀 세상으로 떠났습니다

제2부 도자기에 매화꽃이 핀 까닭

커피꽃이 핀 안목 거리

하얀 커피꽃이 피어 있는 카페들이
커피 향으로 옷소매를 잡는 거리

갈매기가 물어놓은 젖은 파도도
안락의자에 앉아 졸고 있는 그곳

바다에서 절망을 건져 올리는
어부들의 한숨을 위로하는 그곳

커피잔 속에 커피가 아닌
그대의 얼굴이 찰랑거리는 그곳

빈 지갑도, 앉은뱅이 호박꽃도
고독에서 탈출할 수 있는 그곳

카페가 활어처럼 숨 쉬고
청춘들의 낭만이 창궐하는 거리

안전 귀가를 비는 바리스타가
중천에 저녁달을 내걸고 있다

달의 진화론

섬돌 위에 작은 꽃신이 아침나절엔 세상 밖을 향해 놓여 있었다

그녀는 초승달로서
만월의 꿈을 꾸며 서쪽으로 이동한다 수평선에서 방금 올라온 그녀는 바닷물에 젖은 배냇저고리를 입고 있다 매끄러운 몸, 그녀는 초경의 열두 살의 소녀다

어느덧 반달이 되었다
반쯤 채운 꿈을 머리에 이고 중천을 걷는다 푸른 빛으로 지상에 달맞이꽃과 사랑의 교신도 한다 그녀는 악보의 반음표다 살이 오른 스무 살의 새악시다

만월은 꿈의 정상이다
어둠을 몰아내던 그녀는 제 의식을 들여다보며 가끔 북천으로 회항해야 할 운명의 뒤안길을 닦는다 완성된 온음표이고, 영혼이 잘 익은 낙엽이다

그믐달은 마지막 기차다
그녀는 순례길을 편히 넘으려고 육신을 말리고 있다 세월

의 풍상으로 휘어진 등으로 천상의 첫 계단을 밟는다

 이젠, 섬돌 위에 저승꽃이 핀 꽃신이 북천을 향해 걸어가고 있다

물닭갈비

아무 생각 없이 물닭갈빗집에서 닭갈비 3인분을 주문했다

전골냄비 속으로 욕망의 숟가락이 닿을 때마다 닭 울음소리가 들려오는 듯했다 이곳으로 오기 전에 어미 닭은 날갯죽지로 새끼들의 체온을 유지했으리라

눈비 막아주며 그들의 미래도 염려했으리라 맹금류를 피할 수 있는 고된 생존 훈련을 시켰으리라 그러면서 어둠에 묻힌 저녁엔 어깨를 두드리며 위로도 했으리라

닭갈비 사이로 뼈의 육수가 출렁거리고 한 절음의 가슴살을 앞접시에 담는다 세 여자는 유년의 추억으로 간을 맞추며 미식의 회포를 풀고 있을 즈음,

닭갈비의 영혼을 위로라도 하듯 식당 문밖에서 탁발승이 목탁을 두드리며 염불한다 흰 닭살 위로 세 여자의 죄의 향연이 시작한다

벚나무가 흰 살점을 휘날리는 살풀이로 닭의 영혼을 빌

어 준다

판자촌의 사람꽃

그들은 산비탈에서 두 발로 버티고 산다

금방 쓰러질 것 같은 비루한 빈집의 기둥도 버티고 서 있다 둥근 공기그릇을 땅에 내려놓으면 한없이 밑으로 굴러가는 비탈진 마당, 아이들의 소꿉장난마저 어려운 산비탈 동네,

처마 끝이 서로 맞닿아 있는 낮은 집, 때론 술을 마신 아버지들이 빈 비닐봉지처럼 굴러가기도 한다 하지만, 그래도 가난이 웃음꽃으로 피어 아이들의 장딴지는 모루처럼 단단하다

주름이 없는 영혼을 가진 아이들, 그들의 눈빛에서 어둠도 깃털처럼 가볍다고 말하는 듯하다 밥솥이 비어 있을지라도 꿈은 밤하늘의 황소자리처럼 견고하게 반짝인다

엄마는 아이들에게 능소화어사모자를 씌워주려고 연탄을 머리에 이고 계단을 오르내린다 엄마의 이마에도 소금꽃이 피고 그 꽃 속으로 아이들의 내일이 술빵처럼 부풀어 오른다

그곳에서 그들이 두 발로 버티고 사는 이유를 이제 알겠다

도자기에 매화꽃이 핀 까닭

삼백예순날 진흙으로 빚은 꽃을
내 몸에 피워야 하는 것은
나의 숙명입니다

꽃을 피우려면 유약을 바른 몸을
고열로 태워야 합니다
그래야만 꽃이 만개합니다
당신이 찾아오신 날에
피어난 꽃은 나의 상처입니다
해와 달이 소멸하여도
그 꽃이 시들지 않는 꽃이 되려고
1500℃ 불가마로 들어갑니다

그 불 속에서 꺼지지 않는 꽃으로
피어나야만, 당신을
만날 수 있는 유일한 길입니다
등을 태워야 당신을 만날 수 있어
불을 끌어 안습니다
탄다는 것은 곧 나의 부활입니다
날마다 나를 찾아오기를 바라며

그 불가마 속으로 들어가야만
나의 꽃이 완성됩니다

마르고 구워진 몸, 그리고 꽃을
피우는 일, 이것이
당신을 선택한 나의 이유입니다

환상의 피아노

김동명문학관 세미나실에 피아노 한 대가
혼자 앉아 있다

내가 책상에 앉아 오수를 즐기는 동안
한 사내가
하늘에서 내려와 피아노를 치고 있다
연주자의 손가락을 바라보던 파초들이
귀를 펄럭이며 피아노 연주를 듣고 있다
벽에 걸린 액자는 반주에 맞춰
'내마음'을 따라 부르고 있다
지나가던 바람도 따라 흥얼거린다
연주자를 지탱하던 의자도 일어나
춤을 추는 듯하다
키가 큰 파초는 초록 치맛자락을 흔들며
탱고 춤을 춘다
피아노 소리에 『나의 거문고』 시집 속의
활자도 일어나 노래를 한다

바람에 유리창이 몹시 흔들리는 소리에
놀라 눈을 떴다

피아노만 있고 초허는 사라지고 없었다

내 마음에 '호수'가 고여 있다

내 정신의 긴 언덕에 초허의 생가가 있다
부흥새 우는 저녁도 있고
초허와 동행하던 유년의 허기도 보인다

스무 살의 연둣빛 잎새로 현해탄을 건너가
고독에 시달리며 상아탑을 쌓던 그가
앙칼진 열도에 저항하며 오랫동안 머물렀다
고양된 정신으로
의지의 문신처럼 태극기를 가슴속에 새기고
한반도로 돌아왔다
긴 칼이 번득이는 식민지의 날들과
붉은 깃발이 흰 치아를 드러내며 달려드는
함흥의 밤,
스스로 단단한 붉은 이념의 어둠을 깨며
철책을 넘는다
서울 신촌의 배꽃학당의 교단에 올라
식민의 칼날에 쓰러지는
잠든 지성의 나무들을 흔들어 깨웠으리라
1968년 1월, 그의 발자국은

망우리에서 멈추었다 하지만,
사천샛돌길에 여섯 권의 시꽃이 피어나
지독한 나의 무지한 겨울을 녹이고 있다

초허의 목격자들

나의 거문고가 운다
그 악기가 울 때면 초허가 지상으로 출현한다
그 악기가 울 때면 돌이 피고, 성좌가 영글고
그 악기가 울 때면 빈 들판이 사라지고
그 악기가 울 때면 실명한 호수가 눈을 뜨고,

파초의 꽃이 핀다
그 꽃이 필 때면 초허의 눈빛이 살아나고
그 꽃이 필 때면 초허의 고독이 죽어 가고
그 꽃이 필 때면 초허의 이별이 여물어 가고
그 꽃이 필 때면 초허의 뒷모습이 떠오른다

하늘의 문이 열린다
그 문이 열릴 때면 초허의 뒤안길이 보이고
그 문이 열릴 때면 검은 바람이 찾아오고
그 문이 열릴 때면 초허가 떠나가고
그 문이 열릴 때면 제비꽃이 초허를 찾는다

여섯 개의 현과 파초, 그리고 하늘,
3·8선과 진주만의 목격자로 내가 남는다

부엉새와 초허

강릉군 사월면 노동리 71번지에 어둠이 짙게 내린 저녁 다섯 살 된 한 아이가 엄마를 기다리고 있다

부엉새 울음소리가 귓불에 가득 고이는 밤, 덕실리에 품앗이갔던 엄마가 돌아오지 않는다 등잔 앞에 앉아 있는 아이의 친구는 적막뿐이고, 등잔불은 문밖의 짐승 우는 소리에 흔들리고 있다 풀벌레 소리가 섬돌 위에 하얗게 쌓인다 고요 한 겹이 아이의 무릎 위에 더 쌓여도 아이는 기다림에 흔들리지 않는다

달빛에 비친 제 그림자를 들여다보는 감나무, 그 나뭇가지에서 아이의 불안을 키우는 부엉새, 먼 길 치맛자락 끄는 소리, 등에 달빛을 가득 지고 오는 어머니, 문종이에 싸인 약과를 내준다 아이가 달려드는 품이 봄날 같아서 눈물이 저녁 강처럼 흐른다

밤이 깊어도 부엉새 울음소리가 자장가로 들리는 엄마의 품,
지금은 모두가 사라진 빈집이다

자루메* 웨딩마치

오전 11시, 세인트컨벤션 다이아몬드홀에
사람꽃들이 피어 있다

사회자가 신랑 입장을 외친다
신랑은
푸른 지느러미를 흔들며 무대에 오른다
신부도 잘 익은 사랑을 한 아름 안고
따라 오른다

그 광경을 지켜보던 나는 이런 상념에
젖어 본다
두 강물이 아우라지가 되는 순간이며
사막을 걸을 때면 서로가 이끌어주리라
한 컵의 물을 나눠 마시며
외나무다리를 만나면 누군가 업고 가리라
비가 오는 날엔 서로가 우산을
받쳐주리라는 것을……

예식장 원탁에 앉은 모든 하객,
원앙처럼 살아갈 것을 기도와 앙망으로
우레의 박수를 보내고 있다

신랑 신부는 종점을 향해 첫발을 내디디며
넉넉한 생의 단맛을 초벌구이하고 있다

* 자루메 : 병산 옛 지명.

소몰이 사내목동

한 사내가 새벽 4시에 소몰이를 나간다

4㎞나 떨어진 초원으로 목초를 찾아
홍수로 강물이 불어나도,
책상 앞에 앉아있는 치어들을 생각하며
그는 강물을 건너야 한다
개밥바라기별이 서산을 넘을 때까지
문밖에서 서성이는 한 여자를 떠올리며
또 걸어야 한다
역병으로 강을 건널 수 없을 때는
식탁 위에 빈 그릇을 생각한다 그러므로
그에겐 휴일이 실종된 상태이다
두 어깨 위에 늘 극빈의 돌이 얹혀 있다
늦은 저녁,
발목에 맷돌을 매달은 발걸음으로
주인집으로 돌아와 팔천 원을 손에 쥔다
나의 생을 연명해 주는 소의 목덜미를
거친 손으로 쓰다듬어 준다
어느새 허공을 걷던 하현달이 집 앞까지
동행을 해 준다

마땅히 내가 나를 몰고 가야 하는데도
오늘도 나는 밥 세 끼를 다 먹었다

정2품 소나무

충북 보은군 속리산면 상판리에 600살이 된
아버지가 서 있다

무쇠 같았던 왼쪽 나뭇가지가 부러져 있다
바람이 불어 부러진 것이 아니라
가난의 지게를 지고 산비탈길로 내려오다가
허기에 걸려 부러졌으리라
쌀독에 차가운 바람이 얼마나 들어찼길래
정수리에 원형탈모가 생겼을까
어제 동사무소에서 링거액을 꽂아주었으나
시간이 짓이긴 굽은 등이 펴지지 않는다
그는 가끔 바람에 흔들릴 때도 있었으나
세상의 모든 산짐승에게, 푸른 영혼의 빵을
나눠주려고 온몸을 흔들었던 것이다
지금도 험상궂은 겨울바람으로 잘려 나간
옆구리의 상처에서 진물이 흘러나온다 나는
한낮 여름에 흘리는 땀방울인 줄 알았으나
밤마다 운명의 물레질을 하다가 찢어진
생의 상처를 꿰매는 일이었다

진물이 흘러내리던
그곳, 어쩐 일인지 아버지가 앓던 상처였다

아반떼 피부과

운전 중에 DMB를 보다가 가드레일을 들이받았다

 그날, 혼미한 정신을 추스르며 카센터에 찾아가 수리를 의뢰했다 카센터 기사가 이 잡듯이 이리저리 들려보다가 피부를 이식해야 한다고 말했다 나는, 굳은 얼굴로 피부 수술에 동의했다 교회의 첨탑에 걸려 있던 낮달이 서쪽으로 빠져나갈 무렵, 아반떼 피부이식수술이 끝났다 어떤 일도 없었다는 듯이 원형으로 회복되었다 첫눈이 가을의 표정을 지우던 날, 투자했던 주식이 지하 바닥까지 내려갔다 즉시 나는 가슴에 화상을 입었다 욕망 한 덩어리를 떼어내고 피부 수술을 하고서야 우윳빛 피부로 되돌아왔다

 언덕에서 빈 가슴으로 사는 갈대,
 은빛 물결이 늘 한결같다

바람든 허파들

허파에 바람이 들어 명품 매장으로
휑하니 달려갔다

파텍필립 손목시계가 20억 원
불가리 다이아몬드 반지 9,700만 원
까르띠에 표범 무늬 브로치 8,700만 원
에르메스 스카프 3,200만 원
비웃는 듯 나를 노려본다

나의 정신 17원
나의 시집 한 권이 9,000원
손가락 실가락지가 8만 원
나의 인조가죽 핸드백이 5,000원
한 하루의 생이 무너진다

냉수를 뒤집어쓰듯 획 깨는 순간
허파의 바람도 쑤~욱 빠져나간다

글램핑의 황덕불

밤 12시, 피서객들이 바닷가에 모여
캠프파이어를 한다

불씨를 받은 나무 장작이 몸을 태우며
다비식을 치른다
그 나무 장작이 탄다는 것은, 빌려온
몸을 돌려주는 일이다
지상에서 이름이 지워지는 것이다
허공이 되는 일이다
이름이 지워지고 허공이 된다는 것은
수미산에 귀가하려고
원점으로 되돌아가는 것이다
온전한 귀가를 하려고
생전에 사주를 구슬처럼 닦았으리라
한때는
바벨탑만큼 명예도 쌓아 올렸으리라
장작이 된 그 나무는 햇살을 따라
하늘을 향해 솟구치기도 했었으리라
지문이 다 닳도록 사냥도 했으리라
불은 그 무엇을 다 아는 듯이

불춤을 추며 나무의 몸을 태운다
황덕불터에 남은 흰 재들의 눈빛이
푸르다는 것을 내가 눈치챌 무렵,
수평선에서 또 다른 하루를 알리는
잘 익은 수박 반쪽 같은 해가 떠오른다

한 줌의 재와 일출 사이에서
시간에 나부끼는 깃발로 내가 서 있다

제3부 비빔밥이 생불이다

붓다의 경전을 만나다

초파일에 아이들의 사주에 이끼가 끼지 않게 하려고 도계 황조리 마을 도덕정사 붓다를 찾아갔다

동자승이 목어를 두드리며 산기슭에 숨어 사는 산짐승들에게 길을 내어주고 있다 그때 깊은 계곡에서 내려온 열목어가 불전함에 정화수 한 바가지를 보시한다 어젯밤, 도시의 뒷골목에서 찾아와 법당을 서성거리던 쉰바람과 함께 나는 두 손 모아 합장을 한다

잣나뭇가지에서 108배를 드리는 청설모, 아랫마을 짜장면집 철가방이 달아 놓은 연등도 보인다 밤 열두 시의 어둠과 치열하게 싸우던 법당의 촛불은 눈이 충혈되어 있다 오늘따라 암자의 담장을 끼고 흐르는 계곡 물소리가 붓다의 설법으로 들린다

늪의 발을 씻어주던 언꽃이 잘 왔나는 듯이 초록 귀를 필럭이며 나를 향해 합장하고 있다

김밥은 완행열차다

식탁 위에 정차하고 있던 완행열차 같은 김밥이
식도역으로 향하고 있다

1호 열차에는
생을 완성하려고 허공에 매달려 햇살을 받아먹던
오이꽃이 만발한 채 길게 누워 있다

2호 열차의 창가에는
소금으로 온몸을 절이고 방금 도착한
단무지가 노란 머리카락을 늘어뜨린 채 앉아 있다

3호 열차 27번 내측 좌석에는
초록 나팔바지를 다려 입고 차창에다 입김을
내 뿜고 Love라고 쓰는 시금치도 보인다

마지막 9호 열차엔
매화꽃을 닮은 곱슬한 밥알들이 별빛 표정을 지으며
이마를 맞대고 저녁을 통과하고 있다

연실, 맛의 감탄사가 들려오는 입속

늦은 저녁 어둠이 궁핍으로부터 벗어나고 있다

강물의 발톱을 보았다

내가 강물의 발톱을 찾으려고 계곡으로 찾아갔으나
바람이 말하기를
장마전선을 만나기 전까지 발톱이 없다고 한다 아니다

등뼈가 휘어진 열목어가
세제 거품이 강물의 발톱이라고 설파한다 아니다

내가 이슬만 먹고 산다는 무릉도원으로 찾아갔으나
도화는 보이지 않았다 그들은 먹구름이 뿌린 DDT로
눈먼 꽃이 되었다는 소문이 들려온다 아니다

내가 강물의 발톱을 찾으려고 강가의 오리를 찾아갔다
그의 발톱은
강물의 발톱이 아니라 폐수를 막아주는 천사다 아니다

강물이 발톱을 드러낼 때 내가 혹등고래를 찾아갔으나
어린 고래에게 물릴 젖이 없는
어미 고래의 하소연이 한 권의 책이다 아니다

폐수를 받아마신 강물이 또다시 발톱을 손질한다는

풍문이 돌았다
눈이 큰 짐승들의 얼굴에 표정이 태연하다 아니다

서쪽에서 국적을 알 수 없는
강물의 발톱을 손질하려고 먹구름 떼가 몰려오고 있다

비빔밥이 생불이다

암자의 비빔밥은 붓다의 법문이다 그러므로

그 비빔밥은 황조리마을 정신의 곳간이고
월급날, 광부의 입술에 핀 푸른 웃음꽃이다
두견새의 울음을 들어주는 석등이고
초파일 비빔밥은 등받이 없는 안락의자다
가시를 거둬들이며 반성하는 장미꽃,
비빔밥은 뭉게구름이 삭발한 이유이고
귓불 세워 설법을 들으며 흔들리는 풍경이고
비빔밥은 돌아가야 할 산제비들의 둥지다
앉은뱅이 호박꽃의 가슴을 적시는 새벽이다
초파일 비빔밥은
대웅전 섬돌 아래에서 무리 지어 서식하며
어둠을 몰아내는 흰 달빛,
팔순의 노모가 넘었을 극락 고개이고
법당 뒤뜰에 마른 우물을 달래는 소낙비이고
벚나무들의 땀을 닦아주는 손수건이다
비빔밥은 생업의 지친 개미들의 저녁 휴식이고
활자들이 모인 금강경의 기도문이다
폐타이어들이 하루 종일 쉬는 빈 공터이다

비빔밥은 허공의 허기를 채우는 생불이다

햅쌀시루떡

햅쌀이 하루 종일 제 몸을 불리다가
맷돌 속으로 들어가
분골쇄신한다

그는 흰 가루가 되어
또 다른 탄생의 의식을 치르려고
떡시루에 올곧게 앉아 고열을 견디던
지난날을 생각한다

그는 八十八의 나이가 되어
고개를 숙이고 들판에 서 있을 때
삼복에 말매미의 가락을 듣던 일과
작은 새들이 찾아와
손을 흔들어 주는 일들이며,
홀로 등을 검게 태우던 날이며
흰 서리가 내려도
허수아비와 함께 들판을 지키던
지난날들을……

이젠, 그가

찜통떡시루의 다비식을 마치고
내 입속에서
천년의 우담바라꽃으로 피고 있다

AI 아빠를 만나러 야구장으로 간다

두산 베어스에서 '소방의 날'에 소방대원들의 위안 잔치로
야구장 경기관람을 무료 제공했다

소방대원이었던 A씨는 이 세상에 없다 오래전 화재진압 도중에 운명을 달리한 열두 살 아이의 아빠다 그가 야구장 전광판에 AI 아빠로 나타났다 아이의 미소가 하트 모양으로 그려진다 AI 아빠가 생전에 아이와 함께 지상에서 짧은 만남을 가져, 미안하다고 말한다

AI 아빠를 보여주던 전광판이 끝내 스스로 눈시울을 붉힌다

야구 경기가 끝나고 사람들이 집으로 돌아간다 그러나 중천을 걷던 상현달은 어깨를 들썩인다 AI 아빠와 아이의 만남은 세상 안과 세상 밖의 영혼이 조우하는 슬픔, 내 주머니에도 시퍼런 슬픔이 되살아나고 있다

귀뚜라미들이 비가悲歌를 부르는 듯
달빛이 가득한 하늘이 오늘따라 유달리 텅 비어 있다

층층나무단풍

이마에 붉은 머리띠를 두른 시위대들이
핏빛 같은 함성을 지르며 마을로 내려오고 있다

나는 매미가 울던 자리에서 그들을 맞이한다 춤을 추며 나에게로 내려오기까지 그들은 영혼을 태우며 8월을 통과했으리라 가끔, 우박이 그들의 가슴을 관통하는 상처와 가을비에 붉은 울음을 풀어내는 일도, 무서리에 잎맥이 체중계 바늘처럼 떠는 날도 있었으리라

때론, 벌목공들의 톱날에 직립의 나무들이 쓰러지던 날엔, 산에 적막이 쌓이거나 가슴 조이며 밤새 몸을 뒤척이기도 했으리라 이젠 허공을 가로지르던 기러기 떼도 어디론가 사라지고 흰 눈이 거리에 인적을 지우고 있다 하지만,

시간에 지친 붉은 그들,
다시 초록을 꿈꾸며 12월의 강을 건너가고 있다

봄

누구도 얼굴을 본 적이 없는데, 도대체
누가 오실래

빈 들판은 초목 양탄자를 깔고
벚나무도 분첩 들고 몸단장이 한창이다
세간에 풍문이 나돌기를
그가 열세 살의 푸른 초경이라고 했고
3월이 낳은 청춘이라고 했다

냇가의 버드나무도 겨우내 입었던 옷을
사월의 나뭇가지에 걸어 말리고 있다
얼음장 밑에서 수행을 끝낸 강물도 다시
바다를 가려고 신발 끈을 동여매고 있다

그의 얼굴은 사월이 가도록 보이지 않고
질경이만 아스팔트를 뚫고 하늘로 오른다
산란을 끝낸 개구리들이 휘모리장단으로
육자배기 한 곡조를 풀어낸다
초대 가수로 매미도 온다는 소식도 들린다

겨울옷을 입은 채 동면하던 나도
분홍빛 립스틱을 바르고 너에게 달려간다

히말라야삼나무의 일과

오래전부터 그가 두 팔을 벌린 채 교정에 서 있다

나뭇가지마다 초록 성경책이 꽂혀 있다
새들이 날마다 날아와 한 구절을 읽고 날아간다
땡볕의 공사장에서 등에 화상을 입은 일개미에게
시원한 그늘을 내어주려고 초록팔을 키웠으리라

가끔, 푸른 머릿결을 풀어 바다로 가는 남대천에게
손을 흔들어 주기도 하지만,
누군가 어두운 밤에 버린 폐수를 만날 때면
성경의 행간과 행간 사이로 흐르라고 일러 준다

신열을 내던 바람들이 가지 사이로 내려앉는다
푸른 손으로 이마를 짚어주자 체온이 하강한다
소한이 오고, 그날 눈이 내린다 내리는 눈들을
두 팔 벌려 모두 안아 준다
팔월의 햇살에 난사 당한 팔순의 할머니도
가장 낮은 밑동 이에 앉아 하루의 천을 짜고 있다

그가 오래전부터 낮은 자들을 살피는 동안, 나는

아랫목에 누워 푸른 지폐를 세고 있다

목탁조

두 마리의 어린새끼 새를 거느리고 살았다
어느 날,

독수리가 날아와 하늘을 한 바퀴 돌더니
새끼들이 온데간데없다
밤이 늦도록 그들은 돌아오지 않았다
그의 몸속으로 붉은 장맛비가 한없이 내렸다
그는 날마다 허공을 바라보며
체온이 없는 깃털만이라도 찾으려고 했다
혈관 속으로 바람이 몹시 불던 날
슬픔을 쫓아내려고 갈참나무를 쪼아댔다
몸속 슬픔은 콘크리트 보다 더 굳어졌다
새끼들의 그림자가 허공으로 흩어지고
저녁이 타들어 가도록 또 쪼아댔다
갈참나무를 쪼아대는 것이 아니라, 그의
가슴을 쪼아대는 것이었다
흰 눈은 북극으로 떠나고
들판에서 나비가 꽃과 정사를 벌이는 4월,

그는 어린 새끼들의 영혼이 사라진 허공에

영산홍 빛 눈물을 채우고 있다

편백나무베개

장롱 속에서 편백 향을 뿜어내는 여인을 만났다
내가 불혹이 되었을 때,

사막의 모래알만큼 어둠의 물결이 치는 밤,
그를 안고 잠 속으로 들어가면
악몽이 사라지고, 나의
영혼이 산사의 감로수처럼 정결해 진다

산전수전 겪은, 장롱 속에 편백 베개를 꺼내어
물푸레나무처럼 살아온 그녀를 생각하며
안고 산다
시장좌판대에 생선을 놓고
천 원짜리 지폐와 싸우다 돌아오던 저녁,
그녀의 온몸에서 생선비린내가 풍긴다
아니다 편백 향기였다

하얀 소복을 입은 눈이
노모의 영정사진을 안고 어깨를 들썩이며 내린다
바늘이 찌르듯이 아픈 나의 명치끝,
그날따라 편백나무 향기는 어떤 날보다 더 짙다

내가 흔들리는 날엔
편백나무 베개가 내 등뼈를 잡고 어둠을 털어 준다

거미

허공에 누군가 암자 하나를 짓고 산다

육각형의 창문을 낸다
액운을 막으려고 벽면에다 수수깡으로
촘촘하게 뼈대를 세운다
그 뼈대 사이로 진흙으로 바람을 막는다
암자가 너무 작아 탱화를 걸어 놓을 곳이 없어서
허공에 걸어 놓는다
담장 밖에 봄을 알려주는 살구나무 몇 그루를 심었다
또 여름이면 매미가 찾아오라고
작은 암자 뒤편에 느티나무를 심었다
빈 들판에 눈발이 쏟아지면 까치들이
양식을 얻지 못할까 봐 감나무를 심었다
겨울은 길다
긴 겨울이 가고 봄이 빨리 달려오라고
대문 옆에 또다시 매화나무를 심었다
허공에 달아 놓은 설계도면에는 우물이 없었으나
우물 하나까지 파 두었다

지나가던 바람이 걸리지 않는
암자 하나를 짓고 사는 건축사가 산다

담쟁이넝쿨

너는 맨 주먹뿐이다
담장 밑에서 겨우 움막치고 사는 줄로 알았는데,

생을 비단 보자기에 싸보려고 발톱이 빠지도록 담벼락을 기어오르고 공사장에서 막소주로 하루를 접는 날도 있었다 허기의 폭풍에 뿌리가 뽑히지 않으려고 이마에 걸려 있는 게으름을 잘라낸다 잎새들이 명품 운동화를 사달라는 몸짓의 신호를 보내올 때 서러운 운명의 리어카를 끌며 신음했다 그럴수록 어금니를 깨물며 매서운 열기가 내려앉은 한낮, 8월의 태양에 정수리를 태우며 온몸에 돈꽃의 반점을 피워 냈다 냉골의 아랫목에 기어이 봄이 오고, 일벌들이 가끔 찾아와 탁주 한 잔을 주고받으며 땀을 식히기도 했다

장미의 입술이 화려한 오월,
너는 가파른 담벼락을 이미 점령하고 있었다

고로쇠나무의 순국

단단한 청년 한 그루가 산기슭에 버티고 있다
누군가 그의 몸에 고무호스를 꽂는다

그 고무호스 속으로 흰 피가 흘러내린다
지나가던 어떤 바람이 한 방울의 물이라고 했고
밤늦게 귀가하던 어둠은 폐수라고 단정했다
하지만,
낮달은 수혈의 피라고 한다 그러면서
그 나무 핏속엔 잘 익은 뻐꾸기울음 500g과
한겨울의 폭설로 설해목의 비명 소리도
한 양푼 들어있다고 했다

저녁이 되어도 온몸에 꽂혀있는 주삿바늘,
지상의 짐승들에게 피를 나눠주어도
그는 얼굴 한번 찌푸리지 않는다
빌려 입은 초록옷 한 벌마저 부끄러운 듯
일 년 내내 입고 있다
어두워도 사계절을 서서 그는 잠을 잔다
더 한 것은
허기진 화목난로에 제 한 몸까지 보시한다

생의 6부 능선을 넘도록 누구에게
보리개떡 한 접시를 보시한 적이 없다 나는,

금강송 나무 의자

오랫동안 한 식탁을 사용하던 의자들이
장작불 주변에 둘러 앉아있다

그 의자를 보는 순간,
1938년생 범띠의 한 남자를 떠올린다
그 사내는 모친이 침상에서 들려주던
유언에 따라 붓끝을 적셔 천자문을 쓰며
가난을 몰아냈으리라 그러므로,
그 나무 의자의 거친 무늬가
그가 읽던 천자문을 닮은 듯하다
지금, 고목이 된 그는
세상 풍파에 흔들리는 나무 숟가락을 위해
영혼마저 내어 준 성좌의 얼굴이다

나무였던 그가 울음으로 제 몸을 적시고
십장생 구름을 새기고,
천둥에도 무너지지 않는 성근 태양으로
내 곁을 지켜주고 있다

제4부　폭설과 기억의 이중주

용궁제

사천진리 앞바다가 시퍼런 칼춤을 출 때마다
고깃배들은 항구에 몸을 숨긴다

낯선 바람들이 또 거칠게 분다
웬 사람들이 둘러앉아 용왕제를 지내고 있다
얼굴에 윤기 없는 늙은 어부는
해가 닳도록 생의 어망을 손질하고 있다

풍어의 기원이 끝나면
낡은 어망 속으로 고기 떼들이 몰려와
어린아이들의 훈민정음을 읽는 푸른 소리가
어촌마을 적시리라

지난해에 원양어선을 타고 떠난 아비가
무사 귀항할 수 있도록
두 손 모아 합장한 길내기 떼들이
정갈한 흰옷을 입고 수평선을 향해 절을 한다

용왕제가 끝나고
거친 욕설을 퍼붓던 바람들이 사라지고 있다

수락펜션의 노부부

강릉 성산왕릉골에 수락펜션이 밝게 서 있다

나무들은 오늘도 맨몸으로 일곱 달을 버티고
평생 허물을 벗던 강물도 여전히
한 겹의 허물을 또 벗는다

산속에 사는 모든 초목은 빈손이면서도,
늘 배가 부르는 듯하다
보광리 752번지 수락펜션의 정오,
매미의 열창을 들으며 삼겹살을 구워낸다

파티가 한창 무르익어갈 무렵
수락펜션의 주인 노부부께서 하는 말씀이
"고개를 뒤로 젖히고 하늘이 보이는 만큼
내 땅이다, 이만하면 나도 부자다"라고 한다

퇴행성관절염 통증을 운명처럼 거둬들이고
북두칠성을 바라보며
잘 익은 생을 구워내는 찔레꽃 같은 노부부,

두 얼굴이 황금 햇살을 머금은 해바라기이다

애일당이 사라지다

　강릉시 사천면 사천진리 바닷가 근처의 교산 끝자락에 400년이 넘은 고가 한 채가 소슬하게 앉아 있다

　파도 소리가 마당까지 찾아와 난설헌과 함께 사춘기를 손톱에 물들이던 신선의 집, 사천토박이 갈매기 울음소리를 말리고 있는 빨랫줄이 보이고, 섬돌엔 희미한 난설헌의 유년의 흰 그림자가 찍혀 있다

　난설헌이 시를 읊조리던 소리에 담장 밑 붉은 해당화가 옛 기억을 불러들인다 흘러가던 모래내도, 저녁 여섯 시로 향하던 초침도 발걸음을 멈춘 그곳,

　오월이 오면 모란이 툇마루로 살점을 흩날리며, 난설헌의 신선시를 짓기도 했으리라 뭉게구름이 한 모금의 물을 얻어 마시던 우물도 앉아 있다

　난설헌은 광한전백옥루상량문을 지으려고 먹물에 붓을 담그던 곳, 그 집은 몽류광산선시가 지상으로 출현하게 만든 어머니의 자궁 같은 곳,

고뇌의 피가 묻어 있는 곳, 지금은 황금에 눈먼 사람들이 허물어낸 그 집, 난설헌의 흔적이 사라진 사천 애일당, 그 빈터에 풀벌레들이 모여 '곡자'를 슬프게 낭송하고 있다

가브리엘관 217호 K강사

그는 0.1초의 에누리도 없이 강의를 시작하는 괘종시계다 그 시계가 열 시를 알릴 때 올드보이들이 의문의 부호를 들고 217호의 강의실로 몰려든다

가방 속에 우울증 알약을 챙겨오는 은관을 쓴 올드보이들에게 그는 상상력을 이식하는 히포크라테스다 아니다 시어를 제작하는 대장장이다

시행과 시행사이를 순례하는 올드보이들이 시의 근원을 찾아 삼만리로 걸을 때 그는 갈증을 해소 시켜주는 오아시스다

오늘은 올드보이들이 고정관념의 울타리 밖으로 탈출하도록 거품을 물고 열강하는 멀티플레이어의 챗GPT 아티스트이다

언어로 바다의 피명을 그리기도 한다 올드보이들의 몸속에서 물러날 줄 모르는 다작의 게으름을 쓰러뜨리는 로마 원형극장의 투사다 아니다 악을 꽃으로 피워 내는 원예사다

그는 가끔 수업 시간에 지각하는 동강할미꽃에게도 목젖이 보이도록 한 바가지의 함박웃음을 건네는 해바라기의 개그맨이다

그는 자신에게는 영하 90℃에서 쩍쩍 갈라지는 빙하의 계곡이지만, 올드보이들에게는 봄날 뜨락에 내리는 자글자글한 햇살이다

그는 올드보이들에게 단 한 편의 시로 황금알의 욕망을 갖지 않도록 죽비로 채찍질하는 사찰의 비구다 아니다 절벽에 걸터앉아 길 잃은 바람을 받아주는 암자다

이마에 땀방울을 흘리며 팔월의 강을 건너온 호박꽃이 말하기를 "그는 시에 미친 한 권의 시론서"라고 말한다 모든 나무가 고개를 끄덕인다

멜랑콜리의 홍장*

그녀는 새벽마다 나팔꽃이 되어 갓을 쓴 어떤 선비를 부릅니다 그러나 그 사내는 아무런 말없어 그녀가 허무의 나팔꽃으로 아침 일찍 시들어 갑니다

그녀가 정오에 말리꽃으로 피는 까닭은 그 선비와 언약했던 "사랑의 맹서"를 오늘도 그 기억을 지우지 않으려고 다시 말리꽃으로 피어납니다

오후가 되어, 산그림자가 몰려오더라도 "나를 잊지 말라"며 그녀는 물망초로 피어납니다 그러나, 쓰나미처럼 찾아온 그 사내의 얼굴이 밀물처럼 되돌아갑니다

그녀는 밤마다 자주달개비꽃으로 피어납니다 가슴에 새겨 놓았던 사내에게 이제 "사랑할 수 없어요"라고 말하며 그녀는 자주달개비꽃으로 시들어 갑니다

지금은 홍장암에 나팔꽃도, 말리꽃도, 물망초도, 달빛에 피는 달개비꽃도 없습니다 한 점의 갯바람만 홀로 서 있

습니다

* 강릉경포호 전설의 기생.

추암촛대바위

동해시 추암동 산69번지에
천 년 동안 무수한 세월의 바람에도 꺼지지 않는
한 자루의 촛불이 켜 있습니다

그 촛대에 기원의 촛불을 피우려고 팔도의 바람들이 버스를 타고 무리 지어 몰려옵니다 어떤 청록의 소녀는 제 몸 속에 합격의 초승달이 떠오르도록 빌었고, 어떤 중년의 사내는 촛대에 걸린 태양을 얻어갔습니다
   그럴수록 촛대는 심지를 돋우워 어두워지는 세상을 비추고 있습니다

   태풍이 불어와 그 촛불을 끄려고 하지만 눈썹 하나 까닥하지 않고 버티고 있습니다 그럴 때 밤새 염려하던 산신이 새벽부터 찾아와 동해의 풍어제를 지내고 남은 푸른 기도 한 뒷박을 내려놓고 갑니다
   그럴수록 촛대는 정신을 가다듬고 푸른 결기로 바다에 서 있습니다

   그 촛불은 오랜 풍상에 시달려 온몸이 부서질지라도
   기꺼이 해일에 저항하며

천년의 촛불로 동해 바다를 비출 겁니다

폭설과 기억의 이중주

어떤 음모가 있는 듯, 오후 내내 폭설이 내린다

모든 길이 끊어지고 황색 차선마저 사라진다 옆 차선 승합차 클랙슨 소리에 놀란 나는 급브레이크를 밟는다 한 방향으로 가던 어떤 사내가 유리창을 내리고 뱀눈으로 폭설暴說을 퍼붓는다 "아줌마 겁 없이 나랑 키스할 거야"라며 조롱을 건다 이것은 또 다른 폭설暴說이고 폭설暴雪중에 시퍼런 폭설暴說이다

그 찰나에 폭설暴說이 나의 옛 '첫 키스'를 떠올리게 한다 그 사내의 폭설暴說로 몸이 경직되지만 솜사탕 같은 첫 키스의 기억이 눈보라처럼 떠오르는 지금, 첫 키스의 추억으로 저 눈의 폭설暴雪도, 이 말의 폭설暴說도 녹아내린다 대기 중인 붉은 신호등 앞에서 나는 짧고 뜨거운 추억의 긴 겨울을 보내고 있다

묵호항 사람들

이른 아침마다 소금기가 있는 태양을 등에 업고
날마다 만선의 깃발을 펄럭이며
항구로 들어오는 사람들,

바다에 두 다리를 뻗어 파도를 구워 먹고 살아도 붓다를 닮아 삼백예순날 인심이 만선인 그들, 방파제를 뛰어넘는 쓰나미와 싸우느라 팔뚝의 이두박근이 성근 맹그루나무들이고, 천 년 동안 바다를 지키는 까막바위다

파도는 빠져나가고 등이 푸른 지느러미만 그물에 걸리도록 성황당 마파람도 소지를 올리며 기원하는 암자 같은 바다동네, 어판장에 경매 보러 나온 인파들이 낯익은 괭이갈매기들과 정중하게 인사를 나누는 율도국이다

가슴마다 계급장이 없고
바람 부는 저녁이 되어도 장문의 귀를 닫지 않는
반야경의 법문을 외는 사람들

그 사내의 사계절

어느 봄날이다
어떤 사내가 세상 밖으로 두 귀를 드러내며
울음소리를 벗어 놓는다
그는 첫돌이 지나고 들판으로 걸어 나갔다

그후, 잎이 무성한 마흔의 상수리나무로 자랐다
베링해의 찬바람에도 반바지를 입고 살았다
팔뚝이 굵어지고, 장딴지에 살이 오른 사내,
중년의 가을로 접어들며
온몸이 등걸숯불처럼 단풍으로 물들었다

머리에 흰 서리가 내리던 지천명의 가을날,
저녁마다 어깨 위로 시간이 쌓이고
고독한 손금이 질퍽하게 나뒹굴고 있다
온종일 삽질로 황금을 가져오기도 하고
중후한 얼굴로 회전의자에 앉아있기도 했다

그에게도 어김없이 미수米壽의 겨울이 찾아왔다
체온도 따라 내린다
그의 이름 두 자가 먼저 지워지고

마지막 한 자를 남겨둔 채
가족의 이름을 부르며 성황당 앞에 서 있다

썰물처럼 흐르던 시간이 그 사내를 쓸어갔다

횡성한우

내가 강릉발 KTX를 타고 서울로 실려 간다

횡성역 플랫폼에 잠시 머물렀다
허름한 옷차림의 사내가
횡성한우 스티커가 붙은 박스를 안고 탄다
박스에 '노모 순자 앞'이라는 딱지가 붙어 있다
사내는 황소 눈알 굴리듯
좌석번호를 찾아 창가에 앉는다
저녁 노을빛처럼 얼굴에 미소가 번진다

둥근 발을 멈춘 열차는 서울역에 도착한다
어둠 플랫폼을 황급히 빠져나온 사내는
처마가 낮은 집의 노모에게 달려갔으리라
가난이 생을 할퀴어도 사내는
노모의 주름진 얼굴만 떠올렸으리라
그의 얼굴이 박꽃처럼 환해지는 사내의
낯빛도 푸른 들판이 되었으리라

지구를 가출한 나의 무명 저고리를 생각하며
발목에 쇳덩이를 찬 발걸음으로, 나는

플랫폼을 빠져나온다

헝가리거위털이불

 중앙시장에 간다 헝가리산 거위털이불이 보인다 처음엔 절새늘이 버린 깃털을 주워서 만든 거적인 줄 알았다 이불이었다 다음날 시장에 또 갔을 때, 땅거미가 채워지는 골목마다 거위의 울음소리가 들려온다 그 이불 속 울음소리로 나의 체온이 데워진다

 그 거위의 고향은 헝가리이다 그는 한 가정의 흔들리지 않는 기둥이었다 어느날 옆구리에 엽총을 찬 사냥꾼이 찾아와 그의 깃털을 앗아갔다 그때 깃털을 지키려고 몇 날 몇 밤을 혹한과 싸우며 몇 개의 굶주린 밤을 보내기도 했지만,

 지금은 어린새끼들의 그림자 마저 볼 수가 없다 그의 깃털이 시장이불가게에 있어도, 영혼은 헝가리에 있다 그 깃털 속의 살점은 사라지고, 눈빛 사나운 사람들의 체온을 따뜻하게 데워주고 있다 오늘도 엽사들은 그의 깃털을 보며 군침을 흘리고 있다

벌구*들의 경연대회

폭설이 아무 죄 없는 나뭇가지를 말로 부러뜨리고
어깨에 힘주는 것도,

'아이고' 코끝에 흙냄새가 난다며 죽어야지 하는
건넛방 안채 할미꽃도,

여의도 푸른 지붕도 표만 보면 코가 땅에 닿도록
엎드리는 것도,

어둠이 배꼽까지 차오른 자정인데도 낮이라고
우기는 이땅에 하슬라 불여우도,

머리에 쥐가 나도록 고민을 했다는 심사위원들의
진실이 비켜가는 불편한 심사평도,

이 벌구들의 공살빵에 신념을 갖는 공갈 시인의
눈빛도 모두가 벌구야 벌리면 구라야

* 벌리면 거짓말.

탱크여자

주머니 속에 꽉 찬 어둠을 비우려고,
공복의 새벽, 현관문을 나선다

어린 새싹들의 꿈통을 띄워주려고
휴일에도 김치공장에 나가
달력에 만근의 동그라미를 친다
그는 생의 자갈밭을 걸어도
모나리자 미소를 지으며 산다 허나,
눈가엔 기미가 군락을 이루고 있다
베토벤의 운명곡을 떠올리며
야근을 끝내고 집으로 걸어가는 밤,
궁핍과 대좌하던 날들을 떠올린다
겨울밤, 빨랫줄에 걸린 어린양말들
그들은 치즈피자를 모르고 산다
혀끝에 피자의 맛을 일깨워주려고
그는 휘모리장단의 노동가를 불렀고
리어카에 연탄화덕을 싣고 밤길에서
별을 굽고, 어둠을 삶았다 하지만,
푸른 새벽은 좀처럼 오지 않았다

바람이 부는 저녁,
손가락 지문이 폐타이어처럼 닳은
그녀는 수프 없는 라면을 끓인다

들고양이들의 근황

군화를 신은 포크레인이 도시의 재개발이라며
판자촌 우리를 몰아냈지요
어두운 골목을 배회하며
그림자로 살았어요

신의 손길이 닿지 않는 뒷골목, 생의 남루한 악취가 코를 찌르지만, 한 줄기의 빛을 얻으려고 밤낮 극빈의 한파와 싸웠어요 우리들은 사주팔자가 극빈인 줄 알고 기계처럼 일했지만, 앞발톱을 사용하지 않았어요 그래도,

세금 미납의 독촉장 한 번 받아본 적도 없지요

사순절 어느 날, 성자가 뒷골목으로 찾아왔어요 우리들의 앞발을 손질해 주면서 폭력도 질병이라고 또 알려주었지요 오랜 시간이 지난 지금, 남촌의 바람이 데려다준 민들레와 등을 맞대고 공원 폐타이어 속에서 월세로 살지요

됫박만 한 방,
어제 월세로 이사 온 제비꽃이 보랏빛
출산을 했어요

쪽방이지만 아흔아홉 칸 집 안방처럼 보여요

소돌아들바위*

한 여인이 바위 앞에서 처절한 기도를 올린다

대를 잇지 못한 그녀의 마음속에 불안의 물결이 오작교보다 더 출렁거렸다 사금파리 같은 눈매의 시어머니, 헛기침 소리로 아들 출산을 은근히 조이는 시아버지, 그러므로 아들 점지를 울음으로 기도하는 여인의 등 뒤엔 결기가 푸르다

온몸의 기도는 붉은 노을빛 울부짖음이다 아니다 그녀의 생의 마지막 사자의 포효다 그토록 무심하던 하늘도 그 여인의 기도에 놀랐는지 그녀의 몸속으로 태양 한 점을 밀어 넣는다 꽃이 피고 눈 내리던 계절이 바뀐 오랜 시간,
 잰걸음으로 찾아온 입덧, 그 여인은 9남 1녀의 쌍둥이 어미로 그 한을 꽃으로 피웠다는 풍문이 읍내에 나돌았다

* 주문진에 있는 바위.

해 설

타자에 비추어 '내'가 '나'를 인식하는 시의식

신은섭(시인, 문학평론가)

Prolog

시를 쓰는 일은 영속하는 언어의 고통이다. 이 고통은 시인에게 필연적이며, 늘 동반하는 숙명의 관계다. 다만 이 고통으로부터 탈피하려면 또 다른 고통으로 다스려야 한다. 즉 고통을 즐기는 수밖에 없다는 말이다.

한 편의 시를 쓰는 일도 고통의 순간인데 한 권의 시집을 상재(上梓)하는 일은 오랜 전쟁으로 폐허가 된 도시처럼 시인에게도 언어와의 싸움에서 정신의 폐허를 맞이한다. 가령 그리스신화에 나오는 시지프스(Sisyphus)가 지옥에서 큰 돌을 산꼭대기로 밀어 올리는 것보다 더 한 고통이며, 삼백 예순날 고뇌하는 번뇌 등이 폐허의 원인이다.

이러한 역경 속에서도 네 번째 시집 『어느 1924년생 쥐띠의 생활목록』을 출판하는 시인이 있다. 시인으로 등단한 세월도 20년 가까이 되어 가는 정계원 시인이다. 이 시집에 수록된 시편을 제4부로 나누었다. 지면상 60여 편의 시편들을 일일이 분석하고 해석할 수 없는 안타까움이 있지만 그 중에서 동일한 형식이나 시세계의 양상을 보이는 대표적인 시를 4개의 챕터(chapter)로 나뉘어 각각 어떤 시 세계를 형성하고 있는지를 알아보기로 한다.

거울에 투사하는 타자(他者, others)

정계원 시인이 바라보는 삼라만상의 모든 사물은 시인 자신을 비춰보는 거울의 기능을 가진다. 그 사물에 자신을 비추어 그 사물을 이해할 때 그 사물이 지닌 세계를 그 시인의 내면세계로 끌어들여 포획하고, 그것을 다시 시의 주제로 삼거나 시상 전개로 확장, 또는 발전시켜 나간다. 이것은 또 다시 세계와 자아가 서로 '소통과 이해'라는 상호텍스트성의 관계로 작용하여, 시인이 지향하고자 했던 새로운 목표에 도달하게 된다.

동백나무가 붉은 사리를 구워내고 있다

그들은 영하 10℃의 새벽에 일렬로 서서
직립의 예불을 올린다
서슬퍼런 싸락눈이 온몸을 감싸도
나뭇가지마다 푸른 법문을 입에 물고
반야바라밀다심경을 암송하는 수행자들,
여태껏 잠든 모습을 본 적이 없다
지구의 종말이 온다는
세간의 무수한 풍문이 떼 지어 들려와도
하산하는 그들을 또한 본 적이 없다
정신이 폐허가 되는 백팔번뇌 속에서도
따사로운 공양을 생각해 볼 겨를은
더더욱 없었으리라
해탈을 꿈꾸며 무리 지어 살던 수행자들
겨울의 끝자락에서 입적을 한다
예를 갖춘 늙은 시간들이 법당 앞에 모여
정갈한 다비식을 치르자
붉은 사리가 무더기로 떨어져 내렸다

생과 사의 경계선이 없는 붉은 수행자들
환생이 참 붉다
　　　　　　　　　　　－「선운사의 사리꽃들」 전문

정계원 시인은 앞에서 예시한 「선운사의 사리꽃들」에서 선운사의 동백꽃이라는 타자의 거울에 시인 자신을 비춰 '사리'라는 새로운 인식을 하게 되고, 이것은 다시 '동백꽃'이 '사리'라는 새로운 미지의 세계를 발견하는 시세계를 인지하게 된다. 모두(冒頭)에서 언급한 바와 같이 시인은 새로운 인식의 주체이다. 어떤 시인도 새로운 인식을 하는 행위의 주체에 도달하지 못하면 「선운사의 사리꽃들」과 같은 미지의 세계를 발견할 수가 없다.

시인이 어떤 사물을 단순하게 바라보고, 또 단순한 시적 대상으로 삼아, 또 단순하게 시를 쓴다면, 이것은 창의적이고 개성적인 시를 생산할 수가 없다. 이미 누구나 다 알고 있는 세계를 리바이벌(revival, 재유행)하는 것과 다름이 아니기 때문이다. 시적 화자는 앞의 예시 「선운사의 사리꽃들」에서 '그들은 영하 10℃의 새벽에 일렬로 서서/직립의 예불을 올린다'고 진술한다. 이 구절에서 '그들'은 '동백꽃'들이고, 이 '동백꽃'들은 예불을 드리는 스님으로 확장 전이(轉移)된 결과를 가져온다.

정계원 시인은 자신을 동백꽃이라는 거울에 비추어 '수행자', '사리', '죽음', '환생' 등과 같은 세계를 새롭게 인식하게 되고, 이 새로운 인식을 언어라는 도구를 이용하여 이미지화하는 전형적인 모더니즘의 시 창작기법을 보여준다. 이런 시 쓰기의 시인은 천부적으로 타고난 감각이나 재능을 가진 시인이라기보다는 고도의 훈련과 노력으로 단련된 결과로 여겨진다.

어떤 한 여자가 4월의 언덕에 동그마니 앉아 있다

(A)그녀가 공수표를 백화점에 미사일처럼 날리는 여자, 명품 백, 다이아몬드 귀걸이, 오팔 진주목걸이를 목에 걸고 재래시장에서 파문을 일으키는

그런 여자로 알았으나 그는,

(B)목마른 강변에 사는 패랭이꽃에게 비를 내려주는 여자, 가시나무새 울음소리에 가슴이 저려 오는 여자, 실명한 사막여우에게 나침판을 건네주는 순례자였다

(중략)

그녀가 낡은 사월의 마차를 타고
야윈 몸으로 유월의 강을 건너고 있다
　　　　　　　　　　　　　－「순례하는 성자 4월」부분

 예시의 「순례하는 성자 4월」에서도 정계원 시인은 4월(봄)이라는 시적 대상의 거울에 자신을 비춰본 것이다. 그리고 거울(4월)에서 찾아낸 새로운 세계는 '나침판을 내주는 순례자', '빈 들판에게 등을 다독거리는 순례자', '천 년의 고독을 몰아내 주는 순례자'라는 새로운 인식하게 되었고, 그 인식

된 것, 즉 '순례하는 성자 4월(봄)'은 다시 '탄생', '시작', '출발', '환생'의 세계로 발전된 것으로 이해할 수 있다.

시인이 무엇을 하는 행위자인가? 이 물음에 대해 답을 내놓자면 시인은 "새로운 세계를 찾아내는 행위의 주체"로 규정할 수 있다. 따라서 시인은 사물을 보고 새로운 세계를 발견해야 하는 의무가 있는 자(者)이다. 그 사물을 통해 새로운 인식을 할 수 있는 방법은 상상력이라는 예술 활동의 핵심적인 요소를 활용할 수도 있고, 일상생활이나 자연의 이치, 그리고 삶에 대해 직·간접적으로 듣거나 경험하는 것으로부터 발견이 가능하다.

새로운 세계를 발견하는 행위의 주체는 시인뿐만 아니라 일반적인 사람도 가능하다. 다만 시적 사유가 얼마나 깊은가에 따라 독자들에게 주는 강렬함이나 절규, 그리고 커다란 울림으로 다가갈 수 있다. 앞서 전제한 이런 점을 정계원 시인은「순례하는 성자 4월」에서 '실명한 사막여우에게 나침판을 건네주는 순례자'라는 표현으로 시의 사회적 기능이나 목적을 현현이 나타내고 있음을 알 수 있다.

또한 정계원 시인이「순례하는 성자 4월」에서 취한 시적 구조 역시 매우 독특하다. 이「순례하는 성자 4월」은 시의 대상에 대해 선(先) 부정, 후(後) 긍정이라는 녹특한 변승법적 구조의 형식을 가진 시이다. 부연하면 이 시는 변증법의 정반합(正反合) 중에서 정(正)명제는 배제되고, 반(反)명제와 합(合)명제만이 존재하는 형식의 구조를 취하고 있다. '오팔 진주목걸이를 목에 걸고 재래시장에서 파문을 일으키는// 그런 여자로 알았으나 그는,// 실명한 사막여우에게 나침판을 건네주는 순례자였다'라며, 부정(A)에서 긍정(B)으로 표현함으로써 시적 대상이 가지고 있는 모순되는 행위(반명제)를 제시하고 최소한의 대화로 문제를 해결하고자 하는 긍정(합명제)의 대안을 제시하는 고도의 창작 기법을 취하고 있다.

이같이 정계원 시인은 서양 문명에서 문법이나 수사법과 더불어 자유 인문 최초 삼개인문 중 하나로 보는 변증법을 시 창작 기법으로 차용하여, 현대사회의 복잡성과 이항 대립적이고 모순된 제도와 규범을 「순례하는 성자 4월」에서 변증법이라는 새로운 구조 형식을 차용하여 자신이 추구하려는 시세계에 도달하고 있다. 이런 시적 태도에 대해 정계원 시인은 "시인이란 사물을 통해 내용이든 형식이든 최초로 새로운 것을 발견하고 추구하는 행위자야 한다"라는 암묵적 자기 증명을 우리에게 보여주고 있다는 것이다.

상흔과 철저히 결핍된 욕망의 여정

이번에 발간한 정계원 시인의 네 번째 시집 『어느 1924년생 쥐띠의 생활목록』에 실린 60편중에서 '상흔과 결핍된 욕망의 여정'을 보여주는 여러 개의 시편이 눈에 띈다. 인간은 출생과 더불어 근원적으로 결핍이 발생하게 된다. 이 결핍은 '소유가 너무 적음'을 통해서 나타나고, 이런 소유의 결핍은 완벽한 존재를 추구하는 욕망 속에서 출발한다. 이때 결핍은 주체가 완전한 존재가 아니라는 사실을 인식하게 되며, 이에 따라 욕망이 발생한다. 즉, 결핍은 주체가 무엇인가를 원하게 만들고, 이 욕망은 주체의 정체성과 관계를 형성하는 데 중요한 역할을 한다. 그러나 정계원 시인은 시를 통해 '인간이 욕망의 존재'이지만 그 욕망이 우리들 삶의 전부가 아니라는 점을 시(詩)로 증명하고 있다.

>바위틈에 한 여인이 다소곳이 앉아 있다
>비록 쇠약한 몸이지만
>그의 시련은 보릿고개를 넘는 일이다
>
>어둠이 가득한 빈 쌀독을 채우려고
>그녀는 스스로 자른 머리카락을 감싸안고
>시장으로 팔러 나갔다
>
>여린 풀들의 허기진 신음 소리 잠재우려고
>새벽을 건너
>밤새워 무릎 꿇고 기도하는 날도 있었다
>
>낮술에 취한 시선으로 그를 바라보았다
>한낱 단풍이었다 하지만
>빈 밥상과 싸우다 열반에 든 붓다였다
>
>　　　　　　　　　　　　　-「붓다의 돌단풍」 전문

정계원 시인은 시 창작에서 서정적 결핍의 중요성을 「붓다의 돌단풍」을 통해 독자들에게 또다시 증명하고 한다. 덧붙이자면 '돌단풍'이라는 타자에 정계원 시인은 자신의 내면을 투사(投射)하였을 때, 그 '돌단풍'은 '어머니'라는 세계와 자아의 동일성의 증명이며, 이 '돌단풍'은 새롭고 다른 이미지로 변환되었다는 새로운 인식에 정계원 시인은 도달한 것이다. 그러므로 정계원 시인은 「붓다의 돌단풍」에서 대상과 자아가 거리를 두지 않는 "거리의 서정적 결핍"이라는 본질적 특징을 갖는다는 서정시의 장르적 특징 중에 하나를 시 쓰기 방법으로 잘 활용하고 있다.

따라서 자아(시인)가 세계(돌단풍)와의 관계에서 소외되거나 초월하지 않고 연속되는 것이고, 이것이 정계원 시인의 원초적 시 쓰기의 본질을 보여주는 특이점이다. 그래서 모더니즘의 시를 추구하는 정계원 시인의 「붓다의 돌단풍」과 같은 내용의 시를 경향성으로 굳이 분류한다면 서정적 모더니즘의 시로 분류된다. 그 까닭은 시 쓰기에서 주정(主情)을 근본으로 하되 이성(理性)을 앞세워 그 대상의 표층을 뚫고 들어가 베일에 싸인 내면을 찾아낸다는 모더니즘의 시 창작 기법을 사용하기 때문이다.

가령 노래할 대상인 '돌단풍'은 '보릿고개를 넘는 여인'으로 동일화를 이루다가 '빈 밥상과 싸우다 열반에 든 붓다'로, 그 의미가 농축되기도 하고 확장된 시상으로 전개되기도 한다. 메마르고 험준한 바위에서 생존을 위해 발을 뻗고 견디는 돌단풍의 끈질긴 생존본능을 '한 여인(母, 혹은 베이비붐세대)'에게 전이(轉移)하고 있다. 이 여인의 환경적 상황이 시적 화자의 처지이고, 시적 화자의 처지는 우리들의 처지이며, 이 처지는 시적 화자의 결핍으로 귀결된다. 정계원 시인은 그 결핍된 부분을 채우기 위해 욕망을 하게 되고, 이 욕망은 끝내 「붓다의 돌단풍」의 시를 탄생시킨 요인으로 작용한 것이다. 따라서 시인(poet)은, 혹은 시(poem)는 결핍이고, 이 결핍을 채우려는 욕망의 주체이다.

　아무 생각 없이 물닭갈빗집에서 닭갈비 3인분을 주문했다

　전골냄비 속으로 욕망의 숟가락이 닿을 때마다 닭 울음소리가 들려오는 듯했다 이곳으로 오기 전에 어미 닭은 날갯죽지로 새끼들의 체온을 유지했으리라

　눈비 막아주며 그들의 미래도 염려했으리라 맹금류를 피할 수 있는 고된 생존 훈련을 시켰으리라 그러면서 어둠에 묻힌 저녁엔 어깨를 두드리며 위로도 했으리라

　닭갈비 사이로 뼈의 육수가 출렁거리고 한 절음의 가슴살을 앞접시에 담는다 세 여자는 유년의 추억으로 간을 맞추며 미식의 회포를 풀고 있을 즈음,

닭갈비의 영혼을 위로라도 하듯 식당 문밖에서 탁발승이 목탁을 두드리며 염불한다 흰 닭살 위로 세 여자의 죄의 향연이 시작한다

벚나무가 흰 살점을 휘날리는 살풀이로 닭의 영혼을 빌어준다

-「물닭갈비」 전문

위의「붓다의 돌단풍」이 순전히 서정적 결핍이 불러온 욕망을 채우려고 쓴 시라면,「물닭갈비」는「붓다의 돌단풍」이 지닌 결핍에다가 '상처' 하나가 더 얹혀있는 시다. 세 여인은 허기라는 결핍이 발생하고, 이 결핍을 채우려는 욕망으로 물닭갈비 3인분을 주문하지만 '닭갈비의 영혼을 위로라도 하듯 식당 문밖에서 탁발승이 목탁을 두드리며 염불을' 외는 상황을 목격하게 된다. 이때 '물닭갈비'에 비친 시적 화자의 인식은 자신의 욕망을 채우는 일이 곧 닭의 죽음을 불러오는 새로운 인식으로 다가온 것이다.

이러한 상황 속에서 세 여인의 뇌리엔 살생유택의 단어가 번개처럼 스치고, 그 순간부터 '흰 닭살 위로 세 여자 죄의 향연이 시작'되었다는 시적 진술은 정계원 시인의 죄의식에 대한 성찰적 고백인 것이다. 이어서「물닭갈비」를 통해 세 여인이 닭의 죽음에 대한 죄의식을 가져야 하는 것을 정계원 시인은 '벚나무가 흰 살점을 휘날리는 살풀이로 닭의 영혼을 빌어'주고 있다는 진술로 죄의식을 자성하고 있다.

정계원 시인은 「물닭갈비」에서 모든 결핍은 인간의 욕망을 불러온다고 강조한다. 인간의 생존 수단은 유일한 욕망이라고 결론을 내리고, 물닭갈비의 상처를 조금도 헤아리지 않는 인간의 몰지각성을 우회적으로 비판하고 있다. 그러므로 정계원 시인은 「물닭갈비」를 통해 닭의 죽음은 곧 인간의 행복이라는 오류를 바로잡으려는 시도(試圖)로 이해된다.

이렇듯이 정계원 시인은 자신의 시를 통해 우리에게 전하는 자성과 성찰을 요구하는 방법은 직접적이지 않고, 매우 간접적이다. 다시 설명하자면 시행 하나하나가 품고 있는 의미를 시행이나 연(聯)마다, 더 나아가 시 전편에 숨겨놓는 육화(肉化)의 방법(肉化)을 택한다. 즉, 시인이 시작품 속에 숨겨놓은 의미를 독자들이 상상을 통해 찾아내어 그 뜻을 음미하는 일도 역시 독자들의 권리이며, 의무라는 것을 주장한다.

    욕망 한 덩어리를 떼어내고 피부수술을 하고서야 우윳
    빛 피부로 되돌아왔다.

    언덕에서 빈 가슴으로 사는 갈대,
    은빛 물결이 늘 한결같다.
                                           -「아반떼 피부과」 부분

이 「아반떼 피부과」는 정계원 시인이 2024년에 수상한 '

제2회 김동명문학 작가상'의 수상작이다. 정계원 시인은 앞에서 예로 들었던 「붓다의 돌단풍」과 「물닭갈비」에서 결핍을 채우려고 욕망하는 인간에 대해 결핍과 욕망의 상관관계를 설파하였다면, 「아반떼 피부과」에서는 결핍을 안은 채 그대로 살아가는 갈대의 무소유 정신에 빗대어 '결핍'의 그 자체 하나만 가지고 있어도 어떤 삶이든 영위할 수 있다는 자각을 유도하고 있다.

이뿐만이 아니다. '마땅히 내가 나를 몰고 가야 하는데도/ 오늘도 나는 밥 세 끼를 다 먹었다'(「소몰이 사내 목동」 마지막 연)라며, '나'의 결핍을 해소하기 위해 '나'의 욕망을 수단으로 삼는 현대인들의 물신숭배와 배금주의를 강하게 비판한다. 인간의 심리적 구조와 주체 형성에 있어 결핍이 핵심적인 역할을 한다는 것은 누구나 공감하지만 결핍은 불편함의 그 이상도 그 이하도 아니라는 점을 정계원 시인은 시를 통해 방증하고 있다.

결핍은 주체가 자신의 욕망을 인식하고 형성하는 데 필수적이지만 '됫박만 한 방,/ 어제 월세로 이사 온 제비꽃이 보랏빛/ 출산을 했어요/ 쪽방이지만 아흔아홉 칸 집 안방처럼'(「들고양이들의 근황」 5연 중에서) 생각하며 살지만 지금까지 '세금 미납의 독촉장 한 번 받아본 적도 없'(「들고양이들의 근황」 3연 중에서)다며, 독자들의 성찰을 유도하고 있다.

가족과 삶의 정체성에 대한 질문

 인간의 삶이란 한 편의 서사시와 같다. 인류의 구성원들은 각자 자신만의 역사를 쓰며, 그 역사 속에는 기쁨과 슬픔, 사랑과 이별, 희망과 절망이 뒤엉켜 있다. 삶은 마치 흐르는 강물처럼, 때로는 잔잔하게, 때로는 거세게 흐르며 삶의 주체들을 다양한 위험과 경험으로 이끈다. 인간은 출생과 동시에 시작된 긴 삶의 여정에서 수많은 인연을 맺고 있지만, 그 인연은 항상 긍정적이지 않다. 때로는 기쁘기도 하지만 슬픈 관계가 되는 때도 있다.
 친구, 가족, 연인, 심지어는 스쳐 지나가는 낯선 이방인들까지도 '나'의 삶에 색을 입히고, 그 색깔은 각자의 감정과 기억으로 채워진다. 인간이 태어나서 산다는 것은 무엇인가라는 질문에 어떤 철학자도 명쾌한 정의(定義)를 내리지 못했다. 그러나 정계원 시인은 '삶이 무엇인가'를 시를 통해 온전한 정의를 내리지는 못하지만, 올바른 삶의 방식이 어떤 것이라고 시를 통해 들려준다.

> 주머니 속에 꽉 찬 어둠을 비우려고,
> 공복의 새벽, 현관문을 나선다
>
> (중략)
>
> 야근을 끝내고 집으로 걸어가는 밤,

궁핍과 대좌하던 날들을 떠올린다
겨울밤, 빨랫줄에 걸린 어린양말들
그들은 치즈피자를 모르고 산다

(중략)

바람이 부는 저녁,
손가락 지문이 폐타이어처럼 닳은
그녀는 수프 없는 라면을 끓인다
－「탱크여자」 부분

  정계원 시인이 「탱크여자」에서 삶이란 아픔이고, 상처이고, 그 상처가 아문 자리이고, 흔들림이고, 답이 없는 질문이며, 유(有)가 무(無)이며, 무(無)가 유(有)와 같은 것이라고 말한다. 나아가 「탱크여자」에서 '고통'이 무엇인지를 생각해 볼 수 있고, '삶의 비루함'을 느낄 수도 있으며, 눈물이 짠 이유도 알 수 있다. '야근을 끝내고 집으로 걸어가는 밤'에서 인간의 삶은 반복이고, 또한 끊임없는 변화의 연속이라는 것을 일러준다. 그리고 힘겨운 역경의 소용돌이 속에서 가족은 상호텍스트성으로 성장하고 성숙한다는 것도 보여준다.

  동시에 부모님 세대의 삶의 의미도 '궁핍과 대좌하던 날들을 떠올린다'라는 단 한 줄의 표현으로 갈음한다. 이러한 삶 속에 필연의 가족이 있다. 필연적인 관계망에 탱크 같은 여자가 있다. 이 시작품 속에서 그녀는 누굴 위해 스프 없는 라면을 끓이는 걸까, 누굴 위해 '손가락의 지문이 폐타이어처럼 닳은' 탱크의 여자가 되었을까.

외람된 얘기지만 러시아 형식주의자 빅토르 쉬클로프스키(victor shklovsky)는 한 줄의 시행을 쓰더라도 독자들이 읽으면서 그 의미를 쉽게 알지 못하도록 해야 한다고 말했다. 즉 시를 읽을 때 어려움을 겪게 하라는 뜻이다. 즉 두세 번 읽고 시행이나 연(聯)에 숨겨둔 의미를 독자들이 스스로 찾아내어 그 의미를 알도록 하라는 말이다. 따라서 정계원 시인 역시 시를 읽는 독자들이 시행이나 연(聯) 속에 숨겨(肉化) 놓은 그 의미를 독자가 스스로 찾아 음미하게 하는 시적 장치를 적절히 사용하고 있다.

쉬클로프스키의 말을 전제로 하여 정계원 시인이 숨겨둔 시의 의미를 분석적으로 해석해보면 이렇다고 할 수 있다. 즉 우리들은 '주머니 속에 꽉 찬 어둠을 비우려고,/공복의 새벽, 현관문을 나'서는 그녀를 떠올리며 '가족'의 의미를 생각해야 한다. 이처럼 정계원 시인의 시 쓰기 기술이 고도로 집약적이다. 다시 말하면 설명적이지 않다. 상징이나 은유, 역설적으로 비유를 활용하여, 삶의 복잡성과 신비로움을 겉으로 드러내지 않는다. 독자들에게 손쉽게 답을 말하지도 않는다. 상상을 통해서만이 그 답을 얻을 수 있도록 유도한다.

또 그 시대의 사회적 문제를 작품에 반영하여 인간의 삶이 문제의 사회로부터 어떤 영향을 받는지도 보여준다. '겨울밤, 빨랫줄에 걸린 어린양말들/그들은 치즈피자를 모르고' 살고 있다. 시행 속의 겨울밤 양말들은 '그녀'와 어떤 관계인가. 정계원 시인이 답을 말하지 않아도「탱크여자」를 감상하면 시인이 의도한 바와 같이 상상력으로 가족이 무엇이며, 또한 작품 속의 '그녀'는 가족을 위해 탱크처럼 일하는 '어머니'라는 것을 알 수 있다.

> 친정집 안방 흙벽에 그의 초상화가 걸려 있다
> 그 사진을 보며 이런 생각을 했다
>
> 그는 저녁에 따온 별을 열세 살 된 나의
> 밤길에 뿌려주었고, 부서진
> 정신을 푸른 달빛으로 촘촘하게 꿰매 주었다
> 물병자리를 찾아가 받아 온 물로
> 메마른 나의 영혼을 적셔주었고
> 한낮에 뻐꾸기 울음소리를 빌려와
> 고독의 두려움을 알려 주었다
> 쉬지 않고 걷는 계곡물의 발자국을 얻어와
> 나의 발을 씻겨 주었다
> 화려한 독버섯의 험상한 독을 감지하는
> 감각도 일러주었고
> 어깨를 맞대고 살아가는 잔디를 가리키며
> 함께 사는 방법을 가르쳐 주었다
> 그는 공갈빵이 허기의 간사함이라고 했고

폭설에 설해목 지는 소리를
가시나무새 울음소리보다 짧은 문장으로, 그
아픔을 일러 주었다
국화의 정수리에 내린 흰서리를 가리키며
저것은 사형수의 마지막 숨소리라고 일러주던
북두칠성 같은 아버지,

등이 굽어진 그와 함께 신경외과에 갔다
나의 쉰 살이 그의 등을 휘어지게 했다고
청진기가 두 주먹을 불끈 쥐며 말했다
　　　　　　－「어느 1924년생 쥐띠의 생활목록」 전문

　이 「어느 1924년생 쥐띠의 생활목록」은 정계원 시인의 네 번째 시집의 표제이기도 하다. 시인은 노래할 대상이 1924년생 쥐띠라고 구체적으로 진술한다. 추정컨대 「탱크여자」의 '그녀'는 정계원 시인의 모친(母親)을 지칭하고, 「어느 1924년생 쥐띠의 생활목록」의 1924년생 쥐띠는 선친(先親)일 가능성이 매우 농후해 보인다. 서두에서 시는 서정자아의 주관적 경험이라고 말한 바 있다. 앞의 명제를 전제로 할 때 「어느 1924년생 쥐띠의 생활목록」의 '1924년생 쥐띠'와 「탱크여자」에서 '그녀'는 정계원 시인의 부모님으로 추측해 볼 수 있다. 이것은 정계원 시인이 일상에서 경험한 사실이며, 이 사실을 소재로 삼아 가족을 위해 억척스럽게 일을 하신 어머니를 '탱크여자'에 비유하여 재연한 경험담이기 때문이다.

　예시 「어느 1924년생 쥐띠의 생활목록」의 주인공은 '북두칠성 같은 아버지'임을 밝히고 있다. 탱크의 여자는 억척스럽게 가사 노동에 전념하신 어머니라면 '북두칠성 같은 아버지'는 '화려한 독버섯의 험상한 독을 감지하는/ 감각도 일러' 주었거나 '함께 사는 방법을 가르쳐 주'거나 '공갈빵이 허기의 간사함'과 '폭설에 설해목 지는 소리를/ 가시나무새 울음소리보다 짧은 문장/ 의 아픔을 일러 주'신 랍비(Rabbi)다.

　정계원 시인의 「어느 1924년생 쥐띠의 생활목록」과 「탱크여자」는 윤리적 관점과 정체성, 그리고 자아의 관점에서 가족의 의미를 살펴보아야 한다. 전자의 입장은 가족 구성원 간의 의무와 부모의 역할, 자녀의 권리, 형제자매 간의 관계에서 도덕적 책임에 대한 문제를 제기하는 것이다. 따라서 「어느 1924년생 쥐띠의 생활목록」은 도덕적 책임감을 지닌 부모의 헌신적이고 조건 없는 아가페(agape)적인 사랑을 시로 승화한 시이다. 그리고 「어느 1924년생 쥐띠의 생활목록」과 「탱크여자」의 소재는 정계원 시인의 주관적 경험이다. 이러한 시인의 주관적인 경험을 윤색하거나 각색을 통해 보편성의 시를 생산해 냄으로써 독자층으로부터 공감을 얻는데 성공한 시다.

화해와 비판을 통한 집단의 계도

흔히 문학을 목적별로 순수문학과 참여문학으로 분류한다. 순수문학은 예술지상주의에 입각한 문학, 자율성과 자동성(自動性)으로서의 문학, 즉자적(卽自的)인 문학, 현실초월이나 도피의 문학 등의 뜻을 가진다. 즉, 문학에만 종사한다는 일념으로 문학 활동을 하는 일군(一群)을 지칭하며, 참여문학은 현실에 대해 비판적이고 사회 변혁에 실천적인 역할을 해야 한다는 문학 이념을 가진 일군(一群)을 지칭하는 말이다. 나아가 참여문학은 창작을 통해 현실에 개입하는 작가의 사회적 책임을 강조한다. 문학의 자율성을 인정한 상태에서 문학을 통한 유토피아적 지향을 표현하려는 실천적 문학관이라고 할 수 있다.

정계원 시인은 참여문학을 이념으로 삼은 시인은 아니다. 순수문학의 이념성을 가진 시인이다. 그런데도 사회문제 해결에 가끔 참여예술의 시적태도가 포착된다. 따라서 정계원 시인이 지향하는 문학의 지향점이 "순수문학이니, 참여문학이니"라는 의문을 가지고 이항 대립적 논리로 바라볼 일이 아니다. 정계원 시인은 순수문학을 지향하지만 때로는 비판적인 참여계열의 시를 쓰는 것은 정계원 시인의 시적 소재가 다층을 이룬다는 방증이다.

  Y 언니,
  이 빵 하나 먹어보실래요

입에서 갓 구워낸 구라빵을
온 동네 퍼 나르시느라
입술에 물집이 생겼네요

정품이라고 우겨대지만
달콤한 거짓말을 입힌
구라빵이네요

제발 그러지 마세요
불량품 구라빵을
푼수 없이 팔다가 지옥 가요

입만 열면
구라빵을 굽는
Y 언니의 혀가 보살이네요

-「구라빵 Y 언니들」 전문

 예시의「구라빵 Y 언니들」은 'Y 언니'라는 인물을 통해 근거 없는 가짜뉴스를 만들어 사회를 혼란에 빠뜨리는 문제에 대해 비판적으로 조명한 시이다. '구라빵'은 정계원 시인이 만들어낸 신조어이다. 구라(口羅)는 '입을 벌린다'는 뜻의 원형이며, '거짓말'을 비속하게 이르는 말이다. 때로는 '구라 푼다'. '구라친다'로 사용된다. 이것을 다시 풀어보면 '거짓말을 한다'는 뜻이다.

따라서 정계원 시인은 「구라빵 Y 언니들」에서 'Y 언니들'은 타인의 흉이나 사실을 벗어난 마타도어(Matador, 흑색선전)로 상대방을 곤경에 빠뜨리는 데에 선두에 서있는 행위 주체들이다. '입에서 갓 구워낸 구라빵'은 새로 지어낸 거짓말을 상징하며, 이 구라빵, 즉 거짓말을 '온 동네 퍼 나르시느라' 얼마나 혈안이 되었으면 '입술에 물집이 생겼네요'라며 냉소(冷笑)적인 시적 태도를 보이고 있다.

'달콤한 거짓말을 입힌/ 구라빵'을 정품(사실)이라고 우겨대며, 남의 흉이나 거짓말을 온 동네에 퍼 나르는 'Y 언니들'에게 '제발 그러지 마세요/ 불량품 구라빵을/ 푼수 없이 팔다가 지옥' 간다며 지성과 감정을 동반한 시의식을 드러낸다. '입만 열면' 선량한 사람들을 혼란에 빠뜨리는 'Y 언니들'은 지금에도 '구라빵을 굽는/ Y 언니의 혀가 보살'이라고 비판한다.

「구라빵 Y 언니들」의 '달콤한 거짓말'이라는 표현은 'Y 언니들'이 유포하는 허위가 개인이나 사회에 미치는 파장을 가늠할 수 있다. 이것은 현대사회가 진실보다 허위를 더 매력적으로 포장할 때 발생하는 심각한 사회문제의 지적이다. 이러한 '구라빵'은 개인의 정체성과 자존감을 해치는 요인으로 작용하여 사회문제를 조성한다는 점의 우회적 비판이다. 동시에 「구라빵 Y 언니들」은 사회의 불안을 조장하는 주체인 'Y 언니들'에게도 경각심을 일깨운다. 'Y 언니들'의 '혀가 보살'이라는 표현은 그녀들이 남을 흉볼 때 순간적으로는 유쾌하겠지만, 그 과정에서 진정한 인간의 가치를 잃고 있다는 점을 지적하고 있다.

한편, 정계원 시인의 「구라빵 Y 언니들」은 지적 예지(銳智)로서 사물을 인식하고 타인에게 웃음을 줄 수 있는 능력, 또는 독자나 관객을 즐겁게 하려고 고안된 문학의 요소를 뜻하는 위트(wit)라는 시적장치를 갖춘 시다. 위트는 현재 유머(humour)와 곧잘 동일시되지만 익살스러운 말이나 행동양식을 뜻하는 유머와 달리 본래 "지력(知力)"이나 "창의력"과 같은 진지한 정신 능력을 의미한다.

정계원 시인이 사용한 위트는 짧고 교묘한 언어적 표현으로 익살과 충격을 불러일으키기 위해 단어와 개념 사이의 예견하지 못한 연관성 또는 차이에 주목한다. 따라서 진정한 위트를 위해 일차적으로 익숙한 언어 습관이나 코드(code)를 파기하고, 이어 새롭게 창조된 의미로 독자에게 지적 즐거움을 주고 흔히 경구(epigram)로 표현하는 특성을 드러낸다.

> 저녁이 되어도 온몸에 꽂혀있는 주삿바늘,
> 지상의 짐승들에게 피를 나눠주어도
> 그는 얼굴 한번 찌푸리지 않는다
> 빌려 입은 초록옷 한 벌마저 부끄러운 듯
> 일 년 내내 입고 있다
> 어두워도 사계절을 서서 그는 잠을 잔다
> 더 한 것은

허기진 화목난로에 제 한 몸까지 보시한다
　　　　　　　　　　　－「고로쇠나무의 순국」 부분

　정계원 시인의 「고로쇠나무의 순국」은 고로쇠나무를 통해 자연과 인간의 관계, 그리고 고로쇠나무의 수액 채취가 가져오는 환경적 영향을 비판적으로 조명하고 있다. 작금의 시대에 화두로 떠오른 자연생태계 교란이나 환경파괴는 어제오늘에 회자(膾炙)되는 사회적 이슈가 아니다. 자연환경파괴가 날이 갈수록 심각해지는 지경에 이르렀다는 정계원 시인의 판단으로 고로쇠 물을 채취하는 인간을 비판적 대상으로 삼은 것이다. 「고로쇠나무의 순국」에서 자연의 가치를 인간 아래에 두려는 인간들에 의해 '저녁이 되어도 온몸에 꽂혀있는 주삿바늘,/ 지상의 짐승들에게 피를 나눠주어도/ 그는 얼굴 한번 찌푸리지 않는다'라는 자연의 휴머니즘이 인간보다 우월하다는 것을 보여주고 있다.

　고로쇠나무의 수액을 채취하는 것은 자연에 대한 인간의 폭력과 희생을 강요하는 획책이나 폭력과 다름이 아니다. 정계원 시인이 진술한 것처럼 산에 나무들은 인간 사회의 구성원 중에 미래를 짊어지고 갈 청년층에 해당한다. 이렇게 「고로쇠나무의 순국」은 자연을 구성하는 중요한 나무로서 인간에 의해 착취당하는 모습을 상징적으로 형상화한 시다. 앞서 정계원 시인의 시 세계의 특성 중에 소재의 다양성을 거론한 바 있다. 가짜뉴스를 만들어 개인의 정체성까지 뒤흔들어 사회문제를 심화시키는 소재로 삼은 시 「구라빵 Y

언니들」도 있지만 원시적으로 자연환경에 귀속된 고로쇠나무가 인간으로부터 착취와 희생을 강요당하는 안타까운 현실을 시로 승화시키는 등의 소재의 다양성도 엿볼 수 있다.

epilogue

지금까지 정계원 시인의 네 번째 시집 『어느 1924년생 쥐띠의 생활목록』에 실린 60여 편의 시를 둘러보았다. 다양한 분석으로 다음과 같은 특성이 발견되었다.

먼저, 독자들과 소통을 꾀하려고 부단히 노력하는 시적 태도를 충분히 엿볼 수 있었다. 작품의 각각의 문장마다 언어의 밀도가 조밀하여 전달하고자 하는 의미나 이미지가 명징할 만큼 구체성을 띠고 있다는 점을 들 수 있다. 이것은 언어의 다양성이 어느 정도 확보되었을 때 가능한 현상으로 정계원 시인의 어휘 저장용량이 풍부하다는 것이며, 풍부한 어휘를 가지고 있다는 것은 표현의 정확성과 의미를 구체적으로 나타낼 수가 있다는 장점 중에 하나다.

또 정계원 시인은 낡은 전통의 기법으로부터 탈피한 시인이다. 젊은 시어의 선택과 집중, 그리고 탈중심의 작용으로 발현되는 다원적이고 다층적인 시적 사유, 횡단하며 가로지르기를 통해 결론을 유보하는 열린 노마드(nomad)적 사유 등으로 말미암아 늘 새롭고 변화를 추구하는 '낯설게 하기'의 최전방에 자리하고 있다. 예술은 새로움을 요구한다. 여기에 보태어 말하자면 정계원 시인은 "귀(耳)는 낯익은 것을 좋아하지만 눈(眼)은 낯선 것을 좋아 한다"는 헉슬리가 주장했던 말을 시창작의 모토(motto)로 삼은 듯하다.

정계원 시인의 정체성은 이미 첫 시집 『접시 위의 여자』(2017)에 결정되었고, 성장성은 두 번째 시집 『밀랍물고기』(2019)에서 확인되었다. 그리고 성숙성은 세 번째 시집에서 『내 메일함에 너를 저장해』(2022)에서 확인이 되었다. 네 번째 시집 『어느 1924년생 쥐띠의 생활목록』을 통해 확인할 수 있는 것은 성숙성이 얼마나 지속되고 있는가를 측정하는 기준점이 된다. 앞에서 네 번째 시집 『어느 1924년생 쥐띠의 생활목록』을 살펴본 결론은 정계원 시인의 시작품의 성숙성이 지금까지 지속적으로 잘 이어져 오고 있으며, 이런 지속성은 시인의 끊임없는 자기 아픔을 즐기며 시로 승화했기 때문이다.

다층적인 소재의 스펙트럼으로 다양한 자아의 목소리를 내는 정계원 시인은 강물소리를 단순히 흘러가는 물소리로 표현하지 않는다. 고된 삶을 영위하는 과정에서 가끔 들려주는 인간의 울음소리로 청각적 이미지화하여 가청화(可聽化)를 주도하는 것은 물론이거니와 눈에 보이지 않는 바람소리도 시각화하는 대담성과 섬세한 시각적 이미지를 구사하는 시인이다. 깊은 사색으로 내면에서 끌어올리는 감정의 두께와 사물이 가지고 있는 미지의 세계를 찾아내는 탐구 정신은 누구도 쉽게 가질 수 없는 네 번째 시집을 세상 밖으로 내놓는 계기가 된 것으로 판단된다.

특히 정계원 시인을 주목해야할 부분은 인간이 잃어버린 순진성을 회복하기 위해서는 언어가 가지고 있는 순진성을 올곧게 되살려야 한다. 이것이 바로 사물의 본질을 직시하는 것이며 시가 가지고 있는 타성의 길을 벗어나는 일이다. 동시에 삶이 가지고 있는 허위성을 깨트리는 일에 천착한다는 점이다.

여류작가 정계원 시인이 사물의 내면을 탐구하는 시 정신으로 새로운 시 세계의 지평을 열어가기 위해 『어느 1924년생 쥐띠의 생활목록』의 작성을 끝내고 '1924년생 쥐띠'에게 헌서(獻書) 중일 것이라는 상상을 해보는 지금, 모더니즘 시의 고양된 정신세계를 구축하여 문단의 높은 평가를 받을 미래지향적인 시의식을 유감없이 드러내는 정계원 시인의 시해설을 마무리하고자 한다.